管理心理技术 ❶

投资与创业

战略评估14连环

鞠强 著

复旦大学出版社

内容简介

在投资与创业领域做决策，百战百胜只是传说，水平高者是指决策成功率高于同行的平均数而不是指决策没有失败。

本书从管理心理学的应用视角出发，根据作者多年投资与创业的实践经验，提炼出14条环环相扣的项目评估法则，如，该项目是彻底的需求导向吗？该项目是否需要改变消费者的传统潜意识？该项目按马斯洛需求层次论分析，需求是处于增长期还是萎缩期？在选择项目时是否会因为需要认知情感行为协调产生自我欺骗？项目主持人是否因过去的强化或者惩罚，会顽固地保持对项目不利的行为方式？项目主持人是否完全接受"所觉常不对，所觉常不真"的理念？项目主持人是否符合创业者的人格特质？该项目的营销战略是否清晰？该项目是否处于进入障碍高、退出障碍低的领域？该项目的资金大小和行业集中度是否匹配？该项目是否处于行业成长期？该项目是否具有核心竞争力？该项目是否五种竞争力评估都过关？该项目是否经过了二元相对决策会议讨论？按照这14连环检验法来进行投资或创业决策，无疑会大幅降低失败率、提高成功率。

前言

投资与创业项目的战略决策虽然有一定的规律性,可以用逻辑思维的方法去观察、理解和制定,但毕竟这一决策也有相当高的艺术性,因此,决策的水平高低体现在胜败概率的差异而不是决策的成功与否。在投资与创业领域做决策,如同战争,百战百胜全是传说或者"人设",水平高者是指决策成功率高于同行的平均数而不是指决策没有失败。笔者遗憾地提醒各位读者:这一决策成功率往往是很低的。在本书写成的2021年,在中国著名投资人所投资的项目中,成功率低于20%的比比皆是,但是他们的竞争者更糟,所以,他们相对而言赢了!

艺术知识不具备肯定性,但这并不意味着学习艺术类知识是无效的。众所周知,在高校学习美术或音乐当然是有收获的,却不像理工类专业那样按明确的、逻辑化的流程操作会有明确的结果。比如,氢气加氧气点燃后肯定生成水,结论是明确清晰的,艺术类学习却不那么肯定。也就是说,绘画、音乐等艺术既不存在明确的流程,也不存在按此流程操作必然可以获得大奖之说。进一步而言,美术学院、音乐学院等艺术类院校的同班同学虽然受到同样的教育,但毕业时同班同学间的水平差异远大于理工科院校毕业时同班同学间的水平差异。用学术语言表示就是:艺术类院校同班同学毕业时水平差异的加权平均值,远大于理工科院校同班同学毕业时水平差异的加权平均值。

因此,笔者先要告诉大家一个令人失望的消息:精研本书并不一定能保证读者发财致富!即使选对了项目,选对了项目主持人,影响项目成败的还有不可控的环境和运气因素。

不过，笔者可以欣慰地告诉大家的是：精研本书可以大幅度降低读者从事投资或创业项目失败的概率，或者说大幅度提高读者投资或者创业项目成功的概率。比如，将失败率从97%降低至60%，或将成功率从10%提升至40%，千万不可轻视这一数据。因为相关的大数据显示，新办企业5年内的注销率是97%，没注销的企业也不一定赚钱。笔者多年来进行了9个投资及创业项目，仅有1项失败，成功率接近89%（当然，如何界定项目成功是可以讨论的，这里所说的成功意为到目前仍存续且已收回成本并有盈利）。这些项目的战略投资决策是基于笔者创立的学术体系做出的，这一成功率也从数据上佐证了笔者学术体系的实用性。

本书是笔者多年来投资与创业实践的经验总结。其实，若要系统、完备地解释清楚这一过程，是一个庞大、复杂的工程。为了方便读者理解和实际运用，笔者将其提炼为环环相扣的14个步骤。读者朋友们在选择投资项目或者创业时，按照这一流程进行思考和检验，便可以大幅度降低失败的概率或提高成功的概率。

需要提前指出的是，这一检验流程适用于投资额在1亿元人民币（2021年）及以下的项目。因为：其一，大部分投资或创业项目的初始投资额都在1亿元人民币及以下；其二，投资额超过1亿元人民币的项目其检验流程便会发生相应的变化，需要另写专著来讨论。

基于笔者学术体系的14连环检验法如下所示。

1. 您所选择的项目是彻底的需求导向吗？如果不是彻底的需求导向，则本环节检验未过，不能投资或创业；如果答案是肯定的，则本环节检验通过，请转向下一环节。

2. 您所选择的项目是否需要改变消费者的传统潜意识？如果需要改变消费者的传统潜意识，则本环节检验未过，不能投资或创业；如果答案是否定的，则本环节检验通过，请转向下一环节。

3. 按马斯洛的需求层次论分析，您所选择的项目需求是处于增长期还是萎缩期？如果处于萎缩期，则本环节检验未过，不能投资或创业；如果处于增长期,则本环节检验通过,请转向下一环节。

4. 您在选择项目时是否会因为需要认知情感行为协调产生自我欺骗?如果存在自我欺骗,则本环节检验未过,不能投资或创业;如果答案是否定的,则本环节检验通过,请转向下一环节。

5. 项目主持人是否因过去的强化或者惩罚而顽固地保持对投资或创业项目不利的行为方式,或者因为惩罚而顽固地拒绝对投资或创业项目有利的行为方式?如果存在这两项之一或全部,则本环节检验未过,不能投资或创业;如果答案是全否定,则本环节检验通过,请转向下一环节。

6. 您及项目主持人是否完全接受了"所觉常不对,所觉常不真"的理念,能够用理性修正原始判断?如果没有接受上述理念,则本环节检验未过,不能投资或创业;如果答案是肯定的,则本环节检验通过,请转向下一环节。

7. 项目主持人是否符合创业者的人格特质,尤其是创新力、抗挫力、行动力超群?如果不符合,则本环节检验未过,不能投资或创业;如果答案是肯定的,则本环节检验通过,请转向下一环节。

8. 如果投资或创业项目不是充分竞争行业,则跳过本环节;如果是充分竞争行业,则须检验在项目战略层次上是否属于三项基本营销战略之一。如果是模糊战略或是中间战略,则本环节检验未过,不能投资或创业;如果不是,则本环节检验通过,请转向下一环节。

9. 您所选择的项目是否处于进入障碍高、退出障碍低的领域?如果不是,则本环节检验未过,不能投资或创业;如果答案是肯定的,则本环节检验通过,请转向下一环节。

10. 您所选择的项目资金大小和行业集中度是否匹配?如果不匹配,则本环节检验未过,不能投资或创业;如果答案是肯定的,则本环节检验通过,请转向下一环节。

11. 您所选择的项目是否处于行业成长期?如果不是,则本环节检验未过,不能投资或创业;如果答案是肯定的,则本环节检验通过,请转向下一环节。

12. 您所选择的项目是否存在核心竞争力？如果不存在，则本环节检验未过，不能投资或创业；如果答案是肯定的，则本环节检验通过，请转向下一环节。

13. 您所选择的项目是否五种竞争力评估都过关？只要有一种不过关，则本环节检验未过，不能投资或创业；如果五种全过关，则本环节检验通过，请转向下一环节。

14. 您所选择的项目是否经过了二元相对决策会议讨论？如果没有经过讨论，则本环节检验未过，不能投资或创业；如果答案是肯定的，则本环节检验通过，那么，恭喜你，流程全部结束，可以进行投资了！

当然，同样的检验流程，不同的人对同一项目会作出有差异的判断，这就是战略决策的艺术性。管理既是科学，又是艺术，但上述14连环检验法如同守门人，能为您的投资增加一道保险，使得判断的难度和失败率大大降低，项目的成功率大大提高。

读者看到此处可能会发出这样的感叹：经过14连环的检验如同连闯14个关卡，这也太难了吧！笔者可以告诉您，我学术体系中的项目战略检验标准偏高，这也很容易理解，因为找到一个好项目是很困难的，就如十月怀胎，要花费很长的时间和很大的精力。如果寻找好项目很容易，用归谬法就会推导出一个荒唐的结论：发财很容易，天下便全是富翁了。

投资与创业是极具诱惑力的事情，但其失败率极高，本书的主要目的就是降低这个失败率。笔者在书中列举了大量我遇到过的真实案例，表面上看大多都十分高大上，但如果按照14连环检验法仔细分析，就可以预先知道它们是有重大问题的，也就根本用不着实践。因为实践的成本实在是太高了。如果读者精研了本书，会对投资有更深刻的理解，也会有很大的收获。这也是笔者近两年来陆续将多年的学术研究结集出版的原因，希望能够帮到更多的人，于我足矣。

接下来，让我们开始一场深刻的思维之旅吧！

鞠　强

2021年3月31日

于上海

目 录

第1环　建立彻底的需求导向 | 1

　　彻底的需求导向,你真的理解吗 | 3

　　需求导向的异化(1):对客户有好处导向 | 4

　　需求导向的异化(2):高科技导向 | 5

　　需求导向的异化(3):产品质量导向 | 6

　　需求导向的异化(4):产品档次导向 | 7

　　需求导向的异化(5):个人兴趣导向 | 8

　　需求导向的异化(6):专家导向 | 8

　　需求导向的异化(7):从众心理导向 | 9

第2环　理解心理现象的关键:潜意识 | 13

　　初识潜意识 | 15

　　潜意识是如何形成的 | 16

　　催眠是调整潜意识的有效手段 | 22

　　意识的检阅作用 | 25

　　观念内化 | 26

潜意识对消费者行为的重大影响 | 27
　　创业项目评估实例 | 34

第3环　人本主义心理学：马斯洛需求层次论 | 37
　　马斯洛需求层次论概述 | 39
　　关于需求层次论的一些争论 | 42
　　马斯洛需求层次论与消费者行为演进 | 45
　　创业项目评估实例 | 50

第4环　态度协调理论 | 53
　　态度协调理论概述 | 55
　　态度协调理论的重要启示 | 55
　　态度协调理论在减肥方面的错误应用 | 62

第5环　行为主义心理学：强化理论 | 65
　　认识强化理论 | 67
　　强化理论的其他注意事项 | 69
　　强化理论的错误使用举例 | 72
　　创业项目评估实例 | 75

第6环　所觉常不对，所觉常不真 | 77
　　投资或创业项目选择常见的心理误区 | 88
　　市场调研常见的误区 | 93

创业项目评估实例 | 99

第7环　杰出项目领导者的二元心理特质 | 101
　　激情与冷静并重 | 103
　　高抗挫折能力与敏感性并重 | 103
　　高行动力与思维严密并行 | 104
　　直觉与逻辑分析能力并重 | 105
　　大胆与细心并重 | 105
　　创新与总结能力并重 | 106
　　宽容与严格并行 | 106
　　中式头脑风暴会创新能力测试 | 107
　　抗挫折能力游戏测试 | 111
　　项目主持人诚信程度初步判断 | 117
　　创业项目评估实例 | 125

第8环　充分竞争性行业的三大营销战略 | 127
　　营销战略概述 | 129
　　低成本营销战略 | 130
　　差异化营销战略 | 132
　　细分化营销战略 | 137
　　三大营销战略的矛盾关系 | 141
　　创业项目评估实例1 | 142
　　创业项目评估实例2 | 143

第9环　进入退出障碍分析 | 145

　　进入障碍 | 147

　　退出障碍 | 149

　　创业项目评估实例1 | 154

　　创业项目评估实例2 | 155

第10环　零散度与集中度分析 | 159

　　产业集中度的类型 | 161

　　零散型行业的特征 | 163

　　针对行业零散度与集中度的决策 | 166

　　创业项目评估实例1 | 167

　　创业项目评估实例2 | 168

第11环　产品生命周期阶段评估 | 171

　　产品生命周期的四个阶段 | 173

　　产品生命周期举例 | 178

　　产品生命周期投资建议 | 179

　　创业项目评估实例1 | 180

　　创业项目评估实例2 | 182

第12环　核心竞争力分析 | 185

　　核心竞争力的概念 | 187

　　核心竞争力举例 | 189

创业项目评估实例1 | 192

创业项目评估实例2 | 193

第13环　五种竞争力评估 | 195

五种竞争力评估模型详解 | 197

五力模型的批判 | 208

创业项目评估实例1 | 209

创业项目评估实例2 | 211

第14环　项目选择的决策方法：二元相对平衡决策方法 | 213

决策四因素 | 215

二元相对平衡决策原理 | 216

二元相对平衡决策方法 | 216

二元相对平衡决策选择 | 222

难点：反对委员会的心理调整 | 223

简易反对性决策 | 224

反对委员会的另一重要用途：工作总结质询 | 224

历史回顾 | 225

第 1 环

建立彻底的需求导向

选择投资和创业项目首要的一条原则是什么？

答：最重要的是建立彻底的需求导向。

彻底的需求导向,你真的理解吗

> **需求导向**,即投资和创业的重点是生产客户真正有强烈需求的产品,而不是生产出产品以后再来研究如何推销产品。

很多人会说,需求导向很容易做到,我生产的当然是客户强烈需要的东西!

错了!其实,真正懂得需求导向的企业家十分罕见。因为人是有心理误区的,企业家的需求导向会被不知不觉地异化,被其他东西悄悄地取代,而这种需求导向被取代的过程企业家常常是不自知的。

接下来,听笔者为您抽丝剥茧、一层一层地分析。

从心理学角度出发,需求就是一种欲求未被满足的紧张心理状态。比如,你想买一辆法拉利跑车,你日思夜想,甚至每天晚上做梦都开着法拉利,在人潮涌动的大城市穿梭,众人纷纷投来羡慕的眼光……这表明你对法拉利跑车有需求。抑或是,你梦想着有朝一日可以乘坐宇宙飞船在太空中遨游,从上帝视角感受这颗蔚蓝色的星球……这表明你对太空旅行有需求。

但是,企业战略管理中所讲的需求,要在上述心理学需求定义的基础上加上"有支付能力"。即:

> **需求**,指在有支付能力的基础上,一种欲求未被满足的紧张心理状态。

以此观之,在上述例子中,法拉利跑车与太空旅行对于大多数人来说并不是企业战略中所讲的需求,因为有相应的支付能力的人是绝对的少数。

鞠门学术体系认为,企业要建立彻底的需求导向,首先要考虑的问题就是产品是否对准了用户的需求。许多人在企业新产品开发中没有意识到需求的重要性，没有意识到企业应该首先对准客户需求，研究生产什么样的产品容易销售，而不是认为只要生产出一个产品，然后研究各种心理技术，把产品硬塞给用户就好。如果坚持这样做，企业是无法长久发展的。

有些人自认为已经建立了需求导向，但在实际操作中不知不觉地将需求导向异化，变成了其他方面的导向。下面，笔者就来分析一下常见的需求导向异化。

需求导向的异化（1）：对客户有好处导向

有人高唱着需求导向，实际上却变成了对客户有好处导向。有需求一定有好处，但是有好处不一定有需求，好处与需求虽然在很多情况下有重叠，但不能把需求与好处完全画等号。

比如，

> 对于学习这件事，没有人否认学习对小孩子的成长是有利的，但是绝大多数孩子对于学习是没有需求的。许多小孩子内心并不喜欢学习，只不过受到父母、老师以及整个社会的暗示才硬着头皮学习。于是，很多人一旦到了大学，周围的约束放松之后，就开始放飞自我，60分万岁了。因此，学习有好处并不等于学习有需求。

再如，

> 戒烟对一个人的身体健康肯定是有好处的，统计已经发现吸烟与肺癌呈高度的正相关关系。假设有一个非常行之有效的戒烟产品，可否拿它来做生意呢？答案是否定的，因为戒烟虽然有好处，但是没有需求。因为抽烟会使人体分泌大量5-羟色胺、多巴胺、内啡肽之类的东西，这些物质能让人

精神兴奋、心情愉悦，而抽烟导致的肺部恶化是看不见、摸不着的，因此，许多人虽然知道吸烟有害健康，但仍然会吸，戒烟产品是典型的有好处无需求的产品。无数的戒烟产品企业累得奄奄一息，也没赚到钱。

请各位千万记住：对客户有好处不等于客户有需求！

需求导向的异化（2）：高科技导向

许多人高唱着需求导向，实际上异化成了高科技导向。科技含量太高的东西，市场上只有少数知识分子或者最具创新意识的人可以接受，大多数人都接受不了。这一点在中国尤为明显，如果熟读历史，就会发现中国人对于新生事物的接纳度是偏低的。比如，第一条铁路刚引进中国时，慈禧太后把它买下来然后拆了，因为大家无法接受火车不用马拉会自己跑。再如，第一条自来水管道被引进北京时，全城爆发了骚乱，因为大家无法理解自古水往低处流而自来水却会往上流。又如，第一盏电灯被引入上海时，也爆发了全城的游行，因为大家不理解不烧油怎么可以把灯点亮。某一领域的先行者如果只做科技含量最高的产品，常常是会"死"在市场上的，因此，企业不能只做太前沿的东西。

举一个例子：

> 美国曾经有一家高科技捕鼠公司，他们发明了一款技术上非常先进的捕鼠器。这款捕鼠器使用红外线探测装置，可以探测老鼠的体温以及人的体温。老鼠的体温一般恒定在38.5摄氏度，而人的体温一般恒定在37摄氏度，它们之间有一个明显的差距。当捕鼠器探测到老鼠时，就发射激光将老鼠杀死；当探测到人时，不会发射激光，因此，人是非常安全的。从技术上来说，这款捕鼠器非常先进，并且不会伤及人。然而，这家公司没过多久就破产了，因为美国老百姓的心理接受程度还没有到用激光打老鼠的地步，

他们仍然会担心激光一不小心在自己腿上打个洞。可见，技术并不是越先进越好。

技术上先进不等于老百姓接受，要想让老百姓接受一种新的生活方式，需要企业或政府花大钱去教育和培育市场，或者说需要花大钱去进行科普。科普应是政府做的事，一般企业承受不了。20世纪80年代，劝说老百姓改用香波代替肥皂洗头，广告费大约花了10亿元人民币（大致相当于2021年的100亿元人民币），这不是一般企业可以承受的。当然，如果企业实力非常强，不怕前期亏损，也是可以干这件事的。

需求导向的异化（3）：产品质量导向

许多人高唱着需求导向，实际却用产品质量导向悄悄代替了需求导向。很多企业非常重视产品质量，甚至把产品质量当作企业的生命线，这其实是非常不严谨的。因为产品的质量并不是越高越好，质量高的产品不一定能满足大众的需求。比如，假设生产一件高质量的衬衫，足足可以穿50年不坏，但这样的衬衫你会去买吗？想必是不会的。现在，许多流行款式的衣服一年就过时了，时间久一点的也只有三五年，没有人会把一件衣服穿一辈子。如果一个企业猛砸钱，生产出大量质量非常好的衣服，但由于没有市场需求，这些衣服最终只能在仓库里静静地待着，这家企业就不是在创造社会财富，而是在浪费社会财富，最终会被市场淘汰。

再如，我们书写用的纸张和上茅房用的草纸哪一种质量更好？很显然，书写用的纸张质量更好。但是，很少有人会拿书写用的纸张来上茅房——质量好的不一定就是被需要的。

美国曾经有一家做保险柜的公司因为过于注重产品质量而倒闭。这家企业生产的保险柜质量非常高,从六楼掉下去也摔不坏。大家对保险柜的牢固性确实有强烈的需求,但是需求程度没有高到六楼摔下去还完好无损,最终这家企业因产品无人问津而破产。

随着产品质量的提高,产品的价格也随之水涨船高,但消费者的支付能力是一个恒定值,企业需要判断出与之相匹配的质量,而不是一味地提高质量。

在多数情况下,企业只要肯砸钱,就可以提高质量,但是,企业的管理水平高低,主要体现在是否能够准确判断出,针对特定的市场,主流客户到底需要何种档次的质量。提高这一判断的准确性,才是重点和难点。

需求导向的异化(4):产品档次导向

有人高唱着需求导向,实际上变成了产品档次导向,产品档次实际上是企业家追求面子的表现。企业家的唯一目的,是组织社会生产要素满足新需求或者成本更低地满足需求。只要有需求空缺,企业家就应该想方设法去满足需求,而不应该考虑这件事情是否高大上,是否显得自己非常有面子。

当一个企业家觉得要生产的是高档次产品时,他的投资回报率就要下滑了。如果追求产品档次或者为了彰显企业家的社会地位而不是需求的满足,企业是无法长久存活的。

比如,

笔者在十几年前遇到过一位非常注重社会地位的房地产企业老板,这位老板追求社会地位到了非常极端的程度,以至于给笔者留下了深刻的印象。这位老板姓张,在公司把自己的地位摆得非常高,只要他一进门,就有公司员工站成两列,由排头的人先喊:"张总到!"紧接着所有人挨个传话,依次高喊:"张总到!张总到!张总到!……",张总才缓缓地朝自己的办公室走去。当时,笔者正好带自己的研究生去这家企业参观,学生非常羡慕,觉得这才是人应该追求的生活。但事实上,笔者当时就判断,这位老板如此注重自己的地位,一定无法容忍不同的意见,容易导致决策失误。果然,这家企业很快就遇到问题,现在早已不复存在。

因此,真正的企业家是很少的。笔者自认为不是企业家,心里还存有知识分子的清高。如果笔者是真正的企业家,是不会来写书的,因为我写的所有的书赚来的稿费,大约只等于我管企业一年为个人赚来的钱的1/365。也就是说,写了多年的书赚来的钱只等于我管企业一天赚的钱!不过,笔者对自己的定位倒是很满意——我把自己定义为思想家,搞企业属于业余活动。

需求导向的异化(5):个人兴趣导向

有人高唱着需求导向,实际上变成了个人兴趣导向。心理学上有一个概念叫投射,指个体把自己的情绪、认知、行为移动到其他对象上。用通俗的语言来解释,投射就是以己度人。投射是人人都有的心理现象。由于投射现象的存在,许多人会认为自己有需求的,别人也会有需求。事实上,有许多兴趣是非常个性化的,可能企业家自认为市场对某种产品的需求程度非常高,而实际的需求程度只有自认为的50%甚至更低。我们在进行需求判断的时候要多进行换位思考,多考虑大众有什么需求而不是自己有什么需求。

需求导向的异化(6):专家导向

有人高唱着需求导向,实际上变成了专家导向。从专家或者专业从业人员角度看问题,与普通老百姓的差距是非常大的。在考虑需求时,一定不能把专家的需求等同于老百姓的需求,否则,该产品可能就只有该领域的专家需要而无法被普通大众所接受。

比如，

笔者曾经接触过一家生产民用品的企业，这家企业的产品质量不错，销量也一直保持平稳。但是某一年，有一款产品在换了外包装之后销量急剧下滑。原来，该企业在设计这款产品的新包装时想要追求高大上，于是请了三位大学教授来设计，企业主寄希望在产品更换包装后销量可以有所增长。然而，事实与想象中的完全相反，因为三位教授的品位与普通老百姓是截然不同的，教授觉得非常漂亮、精致的包装在许多老百姓眼里是丑的，而老百姓非常喜欢的包装可能在教授眼里是庸俗的、低端的。

需求导向的异化(7)：从众心理导向

有人高唱着需求导向，实际上变成了从众心理导向。从众心理是指个人受到外界人群行为的影响，而在自己的知觉、判断、认识上表现出符合公众舆论或多数人的行为方式。通俗地讲，在创业投资领域的从众心理就是指，因为别人干某一件事情成功了，所以我也跟着去干，尤其是很多人喜欢模仿行业大佬而忽视其本质。

比如，

有的人看见马云开淘宝平台赚了很多钱，就去搞互联网平台，而没有认清互联网平台的本质是比拼融资能力。许多人认为，互联网平台成功的关键在于技术，只要能找到专业的技术人员，就可以把平台建立起来。事实上，互联网平台的关键不在技术，而在于推广以及维护费用，淘宝网一开始为了吸引商家入驻，是完全免费的，它自身是依靠从外部不断地融资维持，这显然不是一般人可以做到的。所以，淘宝网能够活下来的核心是融资能力。投资者投钱的时候，第一要考虑这个项目好不好，第二要考虑的是，创业者除了能融到投资者的钱之外还有没有本事融到别人的钱。如果创业者有能力融到后续资金，那投资者投钱的概率会增高。许多互联网大佬都是激情型的，他们有极强的感染力，有一种疯狂劲，可以在潜意识层面感动投资者。所以，在做大平台的时候，要仔细思考自己有这样的融资能力吗？

从众心理的例子还有很多。比如，

有的人做化妆品也学宝洁做广告，但没有理解到广告的边际效应是递增的，即广告数量特别大时，每增加一元钱的广告费所带来的收益将超过一元。因此，做广告的思路是要么不做，要做就做投资大的。许多人在广告上的投入过少，导致广告效果不佳，但大做广告就需要大量的资金，很多人无法做到。

又如，

有的人做房地产学习万科、恒大做交通不便的郊区房，但没有理解到万科、恒大做交通不便的郊区房已经大大超出了普通房子的概念，它们往往是在郊区造一座城，一般公司是没有这样的资金实力的。

有些中国餐饮企业学肯德基、麦当劳搞连锁，但没有理解到连锁要求菜品标准化。肯德基、麦当劳的菜品在全国各地都一样，且制作流程都是标准化的，因此，连锁才能有很大的规模。但是，中国菜跟肯德基、麦当劳的菜品有很大区别。中国菜的一大特点就是制作方法多样，比如最简单的一盘炒青菜，就有许多种变化——青菜是否切成小段？是清炒还是加入蒜泥？是否加糖？油、盐各放多少？是否加水？变化太多以至于每个人炒出来的青菜都有所差异。因此，中国菜很难标准化，如果盲目学习国外公司搞连锁，结局只有一条路，那就是公司垮台。

上述7条就是需求导向异化的主要方向，是给读者启发用的。其实，异化方向还有很多种，笔者还可以列举几十种的导向异化，如家乡感情导向、补偿心理导向、泛化导向、性意识导向、怀旧导向等。笔者发现，能够分辨清楚彻底的需求导向的人是很少的，也是很难做到的。原因就在于人是有情绪的，有心理误差的。也许在阅读本节之前，许多读者都觉得需求导向是一件非常容易的事情，自己在创业投资时一定是把需求放在第一位的，而在读完本节之后，才发现要做到彻底的需求导向并非一件容易的事情。一不小心就会误入歧途，需要常常警醒，必要时将书拿出来翻一翻，对照检验一下。

第 2 环

理解心理现象的关键：潜意识

人人都说做生意一定要了解消费者的心理，这似乎是一个宏大的课题，该怎么做才好呢？

答：了解潜意识理论。

第2部

投资与创业战略评估必须建立在深刻洞察消费者心理活动的基础上,必须对项目对应的消费者心理活动进行仔细的分析和透彻的理解,因此,必须要了解潜意识理论。

初识潜意识

潜意识是奥地利著名心理学家弗洛伊德(Sigmund Freud,1856—1939)提出的理论,在全世界范围内有巨大的影响力,但在学术界存在巨大的争议。学术界认为弗洛伊德夸大了性本能的作用,同时认为弗洛伊德关于梦的解析有很大的随意性。对于上面两点,笔者也是十分同意的,但潜意识现象是客观存在的,而且笔者经过长期的管理心理学学术研究以及实践后确认:潜意识是理解心理现象的关键。

当然,本书讲的潜意识理论和弗洛伊德的已经有了很大的不同,你可以认为是笔者独有的理解。潜意识的定义有几十种,众说纷纭,当然,这是社会科学领域的正常现象,政治学、经济学、军事学、社会学、管理学等领域都是众说纷纭、各抒己见的。本书是为了解决实际问题,不是进行基础理论争论,列出几十种争议是没有必要的。为便于沟通和学习,在此选择一种笔者认可的定义,如下所示。

> **潜意识**,是指影响人的心理、认知、情绪、行为,但自己不知道的心理活动。

潜意识的功能包含:(1)控制或者影响基本生理功能,如心跳、呼吸、血压高低、血糖水平、肠胃蠕动速度、新陈代谢快慢(包括白细胞生产速度在内的免疫力升降、脑动脉的扩张收缩、副交感神经功能的强弱、汗腺的分泌等);(2)控制或者影响情绪反应、记忆、习惯性行为、说话时的舌头口腔配合、无意中的肢体动作，创造梦境、直觉、默契记忆等；(3)决定人的基本行为模式，或者说决定人的总体心理反应方式；(4)决定人的性格或者人格特征，如内向外向、悲观乐观、归因朝内朝外、行动人格还是回避人格等人格特征，就像我们日常生活中所说的人的本性、本质或者灵魂等。

谈及潜意识时，不可以说"我觉得什么是对的"，或者"我觉得什么是不对的"。因为当个体在说"我觉得"时，实际是在表达自己的意识而不是潜意识。潜意识是个体难以察觉的。

分析潜意识的工具有催眠潜意识分析、房树人图画潜意识分析、沙盘潜意识分析、笔迹潜意识分析、无意识肢体动作潜意识分析、罗夏墨迹潜意识分析等。

潜意识的现象在生活中比比皆是。比如男女一见钟情，当事人大多说不出原因。其实，这多半是潜意识在起作用，也就是说在男女双方的潜意识中早就存在一个喜欢的异性模式，只是自己不知道。这个潜意识可能来自幼年的生活经验，比如，幼年时带自己的表姐对自己特别好，而表姐是单眼皮，长大后遇到了一位适龄女孩，她恰巧也是单眼皮，潜意识被激发，于是，一见钟情就产生了。又如，一个25岁的年轻人对于耳朵大的人特别讨厌，但他自己也不知道为什么。经过专业人员分析后才知道，他刚工作时遇到一个非常凶恶的顶头上司，经常对他劈头盖脸地责骂，最后还解雇了他。这个上司有一个非常明显的特征就是耳朵特别大。于是，在这个年轻人的潜意识深处大耳朵就代表了凶恶、残忍和无礼。从此以后，他一看见耳朵大的人就非常讨厌，但他不知道为什么。这就是潜意识在不知不觉地影响他的心理和行为。

潜意识是如何形成的

潜意识主要来自以下四个方面。

1. 基因里携带的潜意识

比如,

在年轻男性中畅销的不少品牌的汽车的尾部是圆形、丰满的,它满足了男性对另一半的审美观念。当然,也有不是这种类型的畅销年轻男性车,也许里头含有更强烈的其他潜意识需求满足。

又如,

人们喜欢熊猫,是因为熊猫的两个黑眼眶显得眼睛很大,就像孩子的眼睛一样。大眼睛会让人本能地分泌激素,从而产生喜爱的感觉,这样,孩子能获得成人更多的照顾。实际上,熊猫的眼睛本身不大,只是因为眼睛旁边的毛是黑的,看起来像两个大黑眼睛,让熊猫看起来像可爱的孩子。如果把熊猫的大眼眶涂白,你就会觉得熊猫不那么可爱了。

2. 外界反复的信息暗示和明示

外界对个体反复地进行信息暗示或明示输入,会沉淀在人的潜意识里。特别提醒,青少年时代是形成潜意识的高峰,成年后潜意识虽然也可以改变,但速度比较慢,难度比较高,潜意识吸收的信息量比较小。

比如,

小时候受到更多的安全防范教育,长大以后就对人的疑心比较重,容易对他人产生戒备心理。

又如,

有统计显示,单亲家庭的子女在结婚后的离婚率也高于社会平均数。可能是因为他(她)小时候反复被暗示,离婚也是一种可以接受的生活方式,所以,他(她)对离婚的接受度偏高,在婚姻遇到挫折的时候,单亲子女比非单亲子女更倾向于选择离婚。

再如,

有一段时间,我国的青少年对高中阶段学的矛盾论哲学理解不全面,误认为"凡事充满矛盾",不存在对立和统一。他们就在网上按此想法表现,喜欢骂人、发牢骚、产生对立情绪,容易用对立的观点来看待这个世界,斗争性比较强。当然,这是有一定概率的,但不是绝对的,全面理解了,就能正确对待。

同理,中国近些年出现的"老人倒地扶不起"的案例屡见不鲜,热心肠的人出于好心搀扶老人却被反咬一口,被讹诈医药费。反观这种奇怪的现象十几年前很罕见,不禁有人感叹,"不是老人变坏了,是坏人变老了"。这一批倒地不起反而讹诈好心人的老人在青年时期接受了大量的斗争教育,这一代的部分老人充满了矛盾观和斗争性,认为矛盾关系普遍存在于人与人之间,斗争遍布各个角落。

再如,

笔者发现,超生家庭中的超生子女的免疫力通常低于社会平均水平。可能的原因是,他们幼年时的处境极其被动,从小东躲西藏,似乎偌大的一个世界没有地方能容留下他,他潜意识中经常受到暗示:我存在于这个世间是错误的。于是,免疫力在潜意识的指挥下下降,三天两头患感冒便成了家常便饭。

3. 创伤在潜意识中的沉淀

在早年经历了一些创伤性事件以后，受害者可能并没有遗忘这段历史，只是由于人类心理的保护机制，这些创伤性记忆被压抑到意识层面以下，变成了潜意识，潜移默化地影响着一个人的行为和情绪。

比如，

> 笔者碰到一个患摇头症的来访者，任何医院都治不好，其实是来访者有创伤，他小时候曾经捡到个皮包，有三十多万元人民币，好处太大了，形成了创伤，沉淀进了潜意识，终生指挥他东张西望寻找下一个钱包，但他是不知不觉的。同样，笔者也发现，假定有人在聚众闹事中得到了巨大的好处，比如某地拆迁闹事者却得到了巨额赔款，好处太大了，深深地印进了潜意识，从此，此地非理性的群体事件可能连续不断。

又如，

> 因为父母一方出轨而导致离婚家庭的孩子，成年后在感情生活中常常对另一半疑心过重。统计还发现，单亲子女容易早恋，原因可能是家里缺了一个人，有爱的缺乏感，容易产生补偿反应。这都是青少年时代因为创伤形成的潜意识在起作用。

再如，

> 单亲子女的潜意识中安全感普遍不足，导致潜意识指挥个体储备粮食，防止粮荒，进食远远超过个体需求热量的食物。有统计显示，单亲子女的平均体重超过了社会平均数。

还如，

　　成年紫癜患者经常有一个满是创伤的童年，导致防御性过高，潜意识指挥产生血小板抗体，消灭血小板，血小板减少便形成紫癜。

4. 意识中的矛盾进入潜意识

意识中的某些东西和社会教育或者社会暗示相矛盾，产生纠结与痛苦，这些纠结与痛苦看似消失了，实际上是被大脑移进了潜意识。

比如，

　　社会向我们暗示，有破坏欲是一件坏事，所以，一个破坏欲比较强的人，就和社会暗示相矛盾，于是，破坏欲就被移进潜意识，矛盾看似消除了。特别喜欢玩保龄球的人，可能潜意识中破坏欲就很强，把那整整齐齐的瓶子砸得东倒西歪，感觉很爽，人的意识会真心认为玩保龄球只是为了锻炼身体，或者娱乐，或者其他社会认可的目的，在意识层面，他并不认为自己的破坏欲很强，而把破坏欲藏在潜意识里。

特别要说明的是，一个人对外界的总体心理反应模式、性格或者人格特征（是内向外向、悲观乐观、归因朝内朝外、行动人格抑或回避人格、胆大还是胆小、思考者还是行动者等），是由潜意识决定的，意识只是增减了这些特征的数量。

各位读者不妨思考一下：为什么秦始皇、朱元璋、朱温、张献忠、成吉思汗都喜欢大肆杀人或者大杀功臣？为什么刘秀、李世民、赵匡胤比较宽容而且能与功臣和睦相处？

　　其原因总结下来有个共性：以上所提到的崇尚大杀特杀的帝王将相在

早年普遍经历过严重的动乱,动荡不安导致潜意识中的安全感严重不足,严重的安全感不足导致极强的怀疑心,怀疑心驱使他们认为大杀特杀是必要的;上述较为宽容的帝王将相们自幼家庭条件优越,没有动荡不安的感觉,安全感很足,怀疑心也变得比较小,所以,比较宽容。

再深入剖析一下,读者就会更为清楚这一点:秦始皇是随父亲早年作为秦国的人质抵押给赵国的,安全感高度不足;朱元璋是叫花子出身,居无定所,颠沛流离;朱温儿时丧父,母亲在富人家做佣人,他从小就寄人篱下;张献忠长期饱受他人的欺凌压制;成吉思汗从幼年开始就被各路人马追杀;这些人的安全感高度不足。刘秀则是地主家庭出身,精通孔孟之道;李世民是贵族出身;赵匡胤出身于将军世家。这三人的安全感都很足,从小受到的尊敬也很多,所以,长大后比较宽容,而且对拍马屁的需求不那么强。

我们再来思考一下:为什么中国单亲子女长大后多喜欢指责别人?

这是因为中国的离婚文化是不成爱人就成仇人,离婚者互相之间频繁地过度指责,子女受到大量的重复暗示,长大后喜欢指责人,心理学称为归因朝外。其他国家这样的现象就比较少,可能是因为其他国家的离婚文化与我们不同:不能当爱人还可以成为朋友。

请各位读者再思考一个问题:冒着被杀头的危险去贪污,况且几亿、几十亿、几百亿元的巨款根本用不完,却还去贪污的官员是什么心理?

笔者查过他们的忏悔书,这些人中的大多数都写道:"我生长在一个极其贫穷的家庭,我妈临死的时候想吃一个馒头,没有吃上,死了。共产党把我培养成了干部,我本来应该好好报答党的培养,但是,我没有加强马列主义学习,没有加强世界观改造,滑入了贪污受贿的泥坑……"

其实,他们贪污和世界观改造关系不大,主要是青少年时代极其贫穷的经历,在潜意识深处留下了创伤,成年后在潜意识的指挥下无法自控地疯狂捞钱,即使冒着被杀头的风险也在所不惜。

因此,笔者所管理的很多公司,从来不让青少年时期有极其贫穷经历的人去管钱和从事采购,否则,风险相当大。如果让他们去管钱或采购,这也是在变相地折磨人,他们会整天在内心进行激烈的斗争,贪欲和良知交战是非常痛苦的。

特别须说明的是:上述的青少年时期极度贫困的经历是相对于周边环境而言的,假如那时所处的环境中大家都一样贫困,其内心的创伤相对也会小很多,相对地,成年后的贪污倾向也会下降。但是,青少年时期极其贫困的经历总是会或多或少造成心理创伤。

情绪是由潜意识主管的,笔者的实践表明,意识层面的调整对情绪的影响比较小。潜意识调整的主要方式之一是催眠,对情绪影响很大。比如,失恋时很痛苦是情绪问题,所以是潜意识管理的,你对失恋者进行思想教育常常是没有用的,你和他说:"天涯何处无芳草,何必单恋一枝花?"他会说:"老师,道理我也懂的,可我就是痛不欲生,我就是难受,控制不了。"这是因为思想教育是在意识层面沟通,而不是在潜意识层面沟通。催眠则在调整失恋负面情绪方面,很快就会见效,失恋者会在短期内变得精神抖擞,开心乐观。请注意,失恋者不是因为催眠忘记了前女友,而是在潜意识层面建立了正确的人生观和爱情观。

在实践中我们会发现,各类心理问题或多或少都受潜意识的影响。

催眠是调整潜意识的有效手段

谈及潜意识,必须谈到调整潜意识最有效的手段——催眠。

第2环 理解心理现象的关键：潜意识

催眠是个让人误会的词，这个词是民国时代学者翻译的，后来学术界相沿成习，许多人望文生义地认为催眠是催人入眠的意思，这个误会很大，催眠的本质是潜意识沟通。如果翻译成潜意识沟通，可能更为贴切。当然，和所有社会科学一样，催眠的定义也有百种以上，都大同小异，做文字争论不是本书的目的，我们的定义如下：

> **催眠**，是指仅关闭意识或者一定程度地关闭意识，使得潜意识更加开放，治疗师与被催眠者进行潜意识沟通，从而改变错误的潜意识，达到心理调整目的的心理疗法。

通常，人们对催眠的认识有以下六个误区。

误区一：催眠就是睡眠。

睡眠是潜意识与意识双关闭，是无法进行潜意识沟通的；催眠是只关闭意识或者一定程度地关闭意识。

误区二：催眠可能醒不来。

催眠不是睡眠，因此，根本不存在醒不过来之事，虽然催眠解除一下更好，但不解除会自动消失的，只不过朦胧一会儿。

误区三：催眠以后，催眠师想让被催眠者干什么他就干什么。

这是流传最广的误区，催眠时让被催眠者做对自己不利的事情，这样的指令是无用的，是绝对做不到的。比如，叫他交出银行卡或者手机密码是绝对不可能成功的，如果可以做到，那么心理学教授们岂不太容易发财了？欧美至少有10万名从事心理学研究的人会催眠，那岂不是天下大乱？

潜意识是你自己的潜意识，当然会保护你，就像你的手天然会保护你一样，任何对你不利的指令它都不会执行。

误区四：催眠可以让人说出不愿意说的隐私。

这也是个流传很广的误解。如果说出隐私对被催眠者不利，他就不会说，原因和上面一样。催眠时，被催眠者之所以会说出隐私，是因为他知道这些话说出来会有利于治疗。

误区五：受教育程度低的人容易被催眠。

这正好搞反了，总体而言，教育程度越高的人，越容易被催眠。因为这些人的想象力更丰富，对先进科学技术的理解力强，所以容易进入催眠状态。当然，假定这个人虽然受教育程度高，但喜欢钻牛角尖，或者老想研究催眠是什么，进入催眠状态就要难一些。

当今，催眠存在被人为妖魔化的问题，人们总是觉得这是妖术、邪术。事实上，许多西方先进科学技术或者文明在引进中国初期时都会被妖魔化。部分人民群众有这样一个传统：凡是不理解的前沿科学技术，就懒得去理解，一概简单地扣上邪气、邪术、迷信的帽子，一切就结了。反而，他们经常把迷信当科学，比如相信绿豆能包治百病。回想计算机技术刚引入中国时，也被认为是胡说，一些人死也不相信机器比人脑计算快，推广这些技术的专业人员经常被认为是骗子，马云早期谈互联网时，也被人认为是骗子。

催眠技术传入中国只有十余年，存在一个被妖魔化和慢慢去妖魔化的过程，所以，文化程度越高，催眠效果越好，也是这个原因。比如，对拥有博士学位的人催眠，容易产生惊人的效果。其实，催眠技术在欧美已经发展了一百多年，是一种很普通的心理调整技术，会催眠的人也多如牛毛，并没有对催眠的恐惧心理和妖魔化心理。

误区六：催眠是万能的。

催眠经常被误会可以用于解决精神分裂症、提高智商、同性恋转化为异性恋（心理学认为同性恋是正常的），其实是没有效果的。

但是，催眠可以用在解决各类情绪问题方面，包括但不限于：失恋情绪问题、离婚情绪问题、感情纠葛产生的情绪问题、失业情绪问题、考试紧张情绪问题、失败情绪问题，以及网瘾、厌学等。

意识的检阅作用

> **意识**，是指我们自己知道的理性行为的心理活动，包括但不限于感觉、知觉、记忆、有意动作、逻辑、分析、计划、计算等。

意识的一个重要功能是检阅作用，具体包括以下两个功能。

（1）意识就是门卫，意识会自动检查外部输入的信息，决定接纳它还是放过它进入人的潜意识，或者把它彻底赶出去。比如，领导号召员工要爱岗敬业，在表面上员工都是点头认可的，实际上，大部分员工脑子里的意识检阅功能在起作用，他们大多数人检阅的结果是：领导的这些话是胡说，目的是诱骗我们为他升官发财卖命，结果，这些敬业教育信息都被堵在潜意识的大门之外，根本没有进入员工的潜意识，毫无作用。当然，表面上他们装作认可，但这种企业文化教育没有用处。所以，高明的领导在进行此类企业文化教育之前，就得想办法先削弱员工的意识检阅作用，从而使向员工脑海里灌输的内容能够直击其潜意识深处。当然，这不是本书的主题，会在笔者其他管理心理学著作中详细介绍。

（2）意识是门卫兼化妆师，对潜意识冒出来的信息进行检查，符合社会意识形态的就放进来，不符合社会意识形态的就禁止，或者经过"化妆"美化以后才允许放进来。比如，喜欢打保龄球是满足了破坏欲，意识检阅作用检查的结果是"不符合社会意识形态"，于是，就对这个信息进行化妆，变成了打保龄球是为了锻炼身体，或者变成了打保龄球是为了交际活动。总之，意识把潜意识"化妆"

成社会意识形态赞许的想法。注意,这种对潜意识信息的检查和"化妆",个体在意识层面是不知道的,是不知不觉、潜移默化的。

观念内化

改变人的潜意识除了使用催眠的方法,还有别的方法可循吗?办法是有的,主要是重复信息输入,但改变潜意识需要重复信息输入几千次甚至上万次,其工作量浩大。其中心思想是重复内化。

这就涉及观念内化。

> **观念内化**,是外部价值观被人高度接受并形成稳定思想观念的过程。

心理学研究表明,重复信息输入有助于观念内化,重复多渠道的信息输入更有助于观念内化。信息输入的主要渠道有听、说、写、看。

(1)听。这是指通过声音接收外部信息以达到观念内化。这种听可以是宣讲会、先进典型报告会、老师讲课,也可以通过看电视、听收音机、听父母唠叨,大量地听可以改变人的潜意识,形成观念内化。比如,女性的平均怀疑性程度比男性的平均怀疑性程度要高,其原因就是听的结果,因为在女性的成长过程中会受到大量的防范意识的教育,如小心上当、小心吃亏、坏人很多之类。这种防范意识教育的强度要远远超过男性所获得的强度,所以,女性成人以后的怀疑性普遍比较高。

(2)说。个体在说话的同时也强化自己的意识。比如,教师的总体道德水平比社会平均水平高,就是因为教师需要为人师表,经常教育别人,在教育别人的同时也强化了自己的道德意识。

(3)写。这是指让个体抄写规定的内容以达到观念内化。比如,笔者曾经给一群企业领导上口才训练课,有少部分人属"土包子"型,只能在其管辖的下属面前侃侃而谈,一到非下属面前当众演讲就结结巴巴。究其原因,原来他们潜意识深处都有一个观念:他人的评价很重要。一般而言,越重视他人评价的人,当众讲话就越慌张。笔者就让他们抄写一句话:"他人的评价不重要,我不是为别人的嘴皮子而活。"笔者让他们抄两万遍,直到大部分人晚上做梦都是这句话。两万遍抄完之后,效果立竿见影:很多人当众讲话再也不紧张了。又如,美国有的地方政府,为了改造一些轻罪犯人,就使用写的方法:假定某人因偷窃而判刑六个月,若想提前出狱,就得抄写一句话:"他人的东西不能拿。"但不是抄写一遍,而是抄写一百万遍,哪天抄完了,哪天就可以走人。结果效果奇佳,凡抄写过一百万遍的人重复犯罪的比例明显下降。因为这句话已经进入了他的灵魂深处,每当他想偷东西的时候,一个严厉的声音就提醒他:"他人的东西不能拿。"再如,在宗教活动中,抄写经文也有类似效果。

(4)看。这是指通过文字图形重复接收外部信息以达到观念内化。比如,和尚读经读多了,就会观念内化,进而影响情绪。比如,佛经中认为,劫难是报应,故有"是劫逃不过,逃过不是劫"的说法,假设一和尚背巨额现金在宾馆睡觉,又假设另一普通人背巨额现金在宾馆睡觉,他们两人的反应可能截然不同。普通人可能辗转难安,担心现金被盗,而和尚可能呼呼入睡,因为和尚认为"是劫逃不过,逃过不是劫",现金该被偷掉的看着它也一定会被偷掉,现金不该被偷掉的,不管它也不会被偷。

但是要注意的是:重复输入的信息是客观的才可以持久内化,虚假的信息只能短期内化。

潜意识对消费者行为的重大影响

潜意识会对消费者的行为产生重大影响,在消费品的研究中,可以发现许多潜意识的痕迹。请看下面的案例。

在2020年的中国，每一个城市都有很多足浴店，在2000年的中国，足浴店可能更多。但在欧美没有这个现象，在欧美的亚裔人聚集区，足浴店比国内也少多了，而且到足浴店去消费的人群，以新迁居欧美的韩国人和华人偏多，这是为什么呢？

一个可能的解释是：在2000年，中国人刚刚变得有点钱，而这些有点钱的成年人中的绝大多数在青少年时代都穷极了，潜意识中自卑感非常严重。现在有些钱了，吃饱了喝足了，开始要弥补自尊感缺乏或者缓解自卑感了。换言之，就是要寻找"做大爷"的感觉了，而在各种消费活动中，被人捧臭脚是能极大地缓解自卑感的，于是，足浴店就像春风野火一般地蔓延开了。

那为什么在2020年的中国，足浴店反而没有2000年多呢？这是因为经过这20年，"00后"成长为成年人了，他们的青少年时代没有前辈那么穷，自卑感没那么严重，缓解自卑感的需求强度降下来了。

同样的道理，在2000—2020年，中国为什么会成为奢侈品消费大国？部分原因是：社会整体上自卑感太强了，因为多数成年人的青少年时代太穷了，潜意识留下了深刻的创伤，现在有点钱了，很多人恨不得在额头上写三个字——俺有钱！但这是行不通的，于是，他们大量地购买奢侈品，潜意识的目的是向周围宣布：俺终于不是穷人啦！

有人说，在2000—2020年，中国成为奢侈品消费大国不是上面所说的原因，而是因为中国人有钱。笔者反对这个观点，因为人均GDP比中国高的国家有许多，但这些国家的消费者对奢侈品的购买并没有这么疯狂。

还有人说，在2000—2020年，中国会成为奢侈品消费大国不是上面所说的原因，而是因为奢侈品的质量确实好。笔者也反对这个观点，因为在中国，凡是不容易对外展示的奢侈品和其他国家一样，也是卖不好的，比如，胸罩奢侈品、内裤奢侈品、袜子奢侈品就卖不好，因为拥有胸罩奢侈品的人无法向他人展示：瞧瞧，我的胸罩是名牌耶！另外，奢侈品的标识大多非常明显，比如，青少年的服装奢侈品的LOGO都非常大，甚至占据了整个前胸或者后背。这说明奢侈品主要是用来彰显身份，说明"俺有钱""俺不是穷人"！这在世界各国都是一样的。

形成潜意识的另一个重要原因是基因，请看下面的案例。

只要经济条件允许，在家庭中，女性比男性会有更多数量的包，数量要多几倍甚至十几倍。而男性对包的热衷程度相当低，男性的包常常仅仅是为了装东西，且数量很少。当然，如果家庭很穷，女性买不起那么多包，是没有这个现象的。那么，为什么女性会有这么多包呢？在意识层面，女性自己的解释是五花八门的，但许多是经不起逻辑推敲的。西方心理学有一个主流的解释：女性的包是女性子宫的潜意识投射，是女性母性天性的体现，是女性区别于男人最主要的东西，女性的包不仅是为了装东西，还有其他心理意义。

西方心理学实证研究发现：如果女性把自己的包委托给一个初次见面的男性代管，声称她临时要干一些什么事，即便这是无意的，也是极其强烈的性信号，表明她对这个男性有巨大的好感。笔者发现这个现象确实是正确的，当然，这一切多半是在不知不觉中，由潜意识指挥行动的，女性自己多半是没有明确感觉的。

女性在潜意识中的母爱意识来自基因，大众公司有一款销售多年的女性用车——甲壳虫。大家知道产品是有生命周期的，永远畅销的产品是不存在的，为什么甲壳虫的生命周期这么长？主要原因是甲壳虫像个孩子，满足了女人潜意识的母性需求，甲壳虫像孩子的最主要原因是长了两个又大又萌的眼睛，即两个又大又萌的车灯。孩子的重要特征就是眼睛大，因为眼睛的生长速度慢于身体的生长速度，所以，眼睛大显得像孩子。许多学习美术的人都知道，画人物图时，把眼睛画大,人物就像孩子了,所以,甲壳虫两个又大又萌的车灯是非常关键的。如果把这两个车灯缩小到原有车灯的20%,那甲壳虫一点也不可爱了,恐怕销量就不乐观了。这一切都是潜意识指挥的消费行为,消费者自己是不知道的,他们在意识层面是没有这些想法的。

请聪明的读者再来思考一下这个问题:在影视作品的消费上,为什么大眼睛的女性易受到众多男性的追捧?

这是因为人类在几十万年的基因竞赛中,凡是对女性性开放宽容的男性,他的后代中不是他孩子的可能性比社会平均水平高,所以,他的基因流失率高,每一代基因只要流失1%,50代后,基因就会流失94%,100代后,基因基本消失。所以,人类进化几十万年后,留存的男性基因都是极其厌恶女性性开放的,这就解释了为什么女人被男人发现出轨后,绝大多数以离婚收场;而男人被女人发现出轨以后,离婚的比例要比前者低得多。

所以,男性的基因形成的潜意识是喜欢能生育又纯洁的女人。那么,什么样的女人显得纯洁呢?性发育后看上去年龄小的女人更显得纯洁。由于眼睛大的人看上去年龄小,因此,眼睛大的女性就易受欢迎,这就是赵薇、高圆圆、迪丽热巴等大眼睛女星大受男性欢迎的原因。

基因形成的潜意识指挥男性喜欢大眼睛女性还深刻影响了化妆品市场。比如,女性画眉毛形成的消费品数量巨大,主要原因是画眉毛可以使眼睛看上去仿佛变大了。

另外,女性之所以热衷于化妆嘴唇,也是为了满足男性的潜意识性需求。这种化妆多半是化成鲜红的、饱满的,极少数才化成黑的或白的,前者对男性是有吸引力的,后者形成拒绝的暗示,至于为什么鲜红、饱满的嘴唇会满足男性的潜意识性需求,大多数聪明的读者一定猜到了,笔者在此就不点明了。许多读者朋友读到此,可能会跳起来指责:"胡说,我脑子里根本就没有这些龌龊的念头!"亲爱的读者,潜意识是在不知不觉中影响着你的心理、情绪和行为。你觉得你的脑子里没有这样的念头,这是正确的,因为它不存在于你的意识中,而是在潜意识里。另外，作为管理心理学专家和心身疾病心理干预专家，笔者善意地提醒你：从心理学视角而言，这些念头既不龌龊也不伟大，而是一件正常且自然的事。

个体最重要的任务是什么？是把其基因遗传下去，但这些都沉淀在潜意识里，只是我们不知道，所以，男性喜欢性发育后看上去年轻纯洁的女性；女性则注重男性的财力，因为财力越强的男性，其后代的成活率越高，视财力为"粪土"的女性，其后代的存活率低，其基因流失率则高。同理，男性个子高、有力量感同样易博得女性的欢心，这是因为自古以来高个子、有力量感的男性打猎收获更大，从而拥有的财富也更多，后代的存活率更高，所以，现代的女性的择偶选择是几十万年基因竞赛的结果。

真理不一定是令人喜悦的，但真理就是真理。笔者还要告诉大家"硬币的另外一面"：人的潜意识不仅来自基因，而且来自青少年时代的社会暗示和社会教育，恰当的社会教育和社会暗示可以在一定程度上消解基因带来的令人沮丧的潜意识。

我们再来分析一个受基因潜意识重大影响的市场——男性钓鱼用品市场。

许多男性非常狂热地沉醉于钓鱼，为了钓鱼，可以早起晚睡，跋山涉水，就为了抢一个好的钓鱼位置。然而，钓到鱼后，不少人又把鱼放回去，显然，他们更享受的是钓鱼的过程。确实，如果把钓鱼的时间和投入用来赚钱，再到菜市场去买鱼，那可比钓鱼划算多了！不少男性觉得淡水河钓鱼不够过瘾，还买船、买设备进行海钓，所以，钓鱼的圈子里有一句谚语："钓鱼毁一生，海钓穷三代。"我们还发现一个非常有趣的现象，即女性很少沉醉于钓鱼，也不理解老公或男友为何沉醉于钓鱼，这是为什么呢？

这也是基因潜意识在起作用。钓鱼是打猎的一种变化形式，经过几十万年的基因竞赛，留存下来的男性都是热衷于打猎的，不喜欢打猎的男性的基因容易消失。在现代文明社会，狩猎狮子、老虎等是违法的，所有的打猎潜意识都集中于钓鱼这个缺口，所以才形成了上述现象。如果你是生产钓鱼用品的企业，深刻理解消费者的心理动因，设计的产品就会完全不一样了。

我们再来谈谈颜色问题。受基因潜意识的影响，我们对黄黑相间的条纹有天然的警惕性和回避倾向。在大多数国家，如果马路上出现了一个深坑，为了防止路人掉入深坑，警察一般会放一个警示牌，这种警示牌一般是黄黑相间的条纹。实证研究指出，黄黑相间的条纹可以大大提高人的警惕性，提高人的回避性，减少路人掉入深坑的概率。假定你是一位女性，要参加一个聚会，但这个聚会中有好几个男性苦苦地追求你，如何减少这几个男性追求你的强度呢？你可以尝试穿黄黑相间的条纹衣服，你会发现那几个男性对你的热情明显下降。为什么人们会回避黄黑相间的条纹呢？这是因为在人类几十万年的进化过程当中，凡是对黄黑相间的条纹不敏感、不回避甚至喜欢的个体，容易被老虎、豹子等猛兽吃掉，基因损失率高，留存下来的基因都是对黄黑相间的条纹敬而远之的。所以，企业在设计包装时，或者服装企业在设计衣服时，绝对要注意这个潜意识，否则，可能会遭受很大的损失。

我们再来看看中国最重要的市场之一——房地产市场对我们有什么商业上的启发。

比较中国房地产市场的需求和美国房地产市场的需求，我们可以发现，中国人远比美国人喜欢囤积房子；另外，中国人对房子的终极梦想是有围墙的独栋小院子，但美国别墅是没有围墙的。有人认为这是治安问题造成的。笔者反对这个判断，至少2021年中国的治安比美国好太多了，由几十亿只监控录像组成的天眼工程，使得中国的治安是非常好的。那么，为什么会有这种差异呢？

有一种观点认为，中国从五胡入华起，经历南北朝几百年，特别是金、元、清三代都是异族入侵，尤其是清朝，除了敢反抗的大胆之人被杀之外，有创新性思想的人还容易被弄进"文字狱"杀掉，保留下来的是谨小慎微、安全感不足的基因。因此，近代中国人特别强调：平安，安全，树大招风，

"木秀于林,风必摧之","逢人且说三分话,不可全抛一片心",祸从口出,平安是福等,这些心理都体现了安全感不足的特征。体现在建筑上,就是到处要有围墙。反观美国,它是移民社会,大多数是胆大的人才敢移民,所以,美国别墅多是没有围墙的。另外,笔者还仔细观察了一下美国的大学,在外观上,它和中国的大学有一个很大的不同:美国绝大多数大学也是没有围墙的,市民可以不经门卫,在任何一处走进大学,不会有保安拦路检查。

所以,在中国开发、销售产品时,一定要充分注意中国人的特殊心理状态:中国人潜意识深处对安全感有着非常高的要求。

潜意识还有一个重要的来源,即人的某些欲望和社会教育或者社会暗示相矛盾。如果把这些欲望放在意识层面,人就会有内疚感、罪恶感、痛苦感,于是,人会自动地把这些欲望压抑进潜意识,个体主观上不知道了,内疚感、罪恶感、痛苦感就消失了。

比如,多数人有一个潜意识是不劳而获或者偷窃。如果把这个欲望放在意识层面,和文明社会的教育完全矛盾,人类为了整体更好地生存,发展出一套控制人的动物性的法律体系,不断地教育个体不劳而获或者偷窃是错误的、无耻的,所以,这个欲望放在个体的意识层面,个体会产生内疚感、罪恶感、痛苦感,于是,个体会把它压抑进潜意识。但是,被压抑进潜意识并不意味着它会真的消失,在适当的时机,这些潜意识是会冒出来的。从管理心理学的角度而言,假定一个社会取消执法机构,一定是盗窃横行、天下大乱的。

有一个非常巧妙地利用上述潜意识理论的商业案例——网络偷菜,即在网络上提供虚拟的偷菜服务,参与的人数量之多,狂热度之高,大大超乎了人们的想象。许多人半夜三更起来去偷别人的菜,每当偷菜的时候,他们就能感觉到一股幸福的暖流涌遍全身,笔者还遇见过某市副市长早上三点钟起来在网上偷菜,不幸的是这个消息被传开了,弄得这位副市长颜面扫地,大家在背后纷纷认为这个副市长很贪。笔者倒不这样认为,以专家的身份当众为他开脱:"他肯定是个清官！如果真是一个贪官，他偷的欲望早就被满足了，哪会去网上偷菜？"后来刮起了"反贪风暴"，他的许多同事都进了监狱，他倒没被查出什么问题，确实是个清官。

我们举了这么多例子，分析了许多现象，就是为了告诉读者朋友们：潜意识对消费者的行为有重大的影响。

创业项目评估实例

南瓜粉降糖保健品创业项目分析

某创业者向笔者融资1 000万元人民币，他的创业项目为南瓜粉降糖保健品。

据此创业者称，南瓜是非常好的保健食品，因为它低糖、矿物质丰富、富含维生素、易饱腹、多纤维等，把南瓜经过现代科技进行提炼萃取，制成保健品，可以极大地提高保健效果，对糖尿病患者有很好的作用，而且有助于减肥，还可以缓解便秘。他制成的保健品每盒300多元，1个月须吃3盒，一般建议连吃3个月为一期。他宣称这一技术来自欧洲，属于绝对前沿的技术，效果非常好。这位创业者37岁，985高校本科学历，化学专业，有企业中层管理的经验，聚集全家亲朋好友的资金300万元人民币，准备把毕生精力投入到本项目，造福人类。但当时300万元资金即将用尽，所以急需融资，有工作人员6名，创业者是最主要的科研力量，产品请别人代为生产，其公司主要负责技术、提供品牌、营销，6名工作人员中有3人是销售人员，创业者也花相当大的精力投入销售。由于无钱做广告，所以销售不畅，共销售80多万元，另外送出价值50多万元的产品，公司成立一年多，创业者的口才约8分（10分制计分），很有激情，非常狂热，对自己产品的功效坚信不疑。

笔者问他："你估计最多能筹集到多少资金？"

他说："我估计吸引1亿元资金是没问题的！"

那么，这个项目是否有投资价值呢？

笔者的看法是：如果以百分制打分，该项目肯定不及格，只能打30分！

为什么呢？

这是因为，糖尿病、肥胖症等广大消费者是成人，他们经过长年的社会信息暗示，已经形成一个很稳固的概念，并且进入了潜意识深处，非常难以改变。这个概念就是：南瓜是个很便宜的东西，南瓜也是个很普通的东西，不能算珍贵。

上述概念在目标消费人群的潜意识中非常顽固，所以，南瓜制成这么贵的保健品，消费者是无法接受的。要想改变这个潜意识观念，按一般规律，是要花大钱去教育市场的，也就是要花许多钱去做广告宣传，去做科普，才可能改变这个观念。那要花多少钱呢？

按笔者的经验估计，至少得投资30亿—50亿元，才可以扭转市场的传统潜意识，使产品达到盈利。

而这位创业者的融资能力只有1亿元，离盈利转折点相去甚远，如果笔者给他1 000万元，大概率是打了水漂。

另外，上述判断还是建立在项目技术完全过关的情况下，南瓜粉保健品是否有创业者宣称的神奇功效，也是需要去认真考核的。

再次强调一个重点，扭转消费者的潜意识是要花大钱的！

第 3 环

人本主义心理学：马斯洛需求层次论

马斯洛需求层次论对投资与创业有什么帮助呢？

答：马斯洛需求层次论给我们的启示是，消费心理是逐步升级的，而且消费心理的升级有一定的规律可循，它可以帮助我们理解许多商业现象，并且对未来的消费趋势预测有重要的指导意义。

马斯洛需求层次论概述

"人有自我完善的本能"是人本主义心理学强调的核心。人本主义心理学有两位代表人物,其一是马斯洛(Abraham Maslow,1908—1970),其二是罗杰斯(Carl Rogers,1902—1987)。罗杰斯的研究方向更偏重心理治疗领域,对本书所讨论主题的启发意义较小,因此,这里着重介绍马斯洛的需求层次论。

马斯洛的早年生活是不幸福的,他母亲的人格接近于控制型人格与指责型人格的混合体。马斯洛曾如此形容他的母亲:"我对她的反感不仅来自外表,还来自她的自私、她的吝啬,她对任何人都没有爱,包括她的孩子和丈夫,她自恋、偏见,她压迫剥削每一个人,不同意她的人都是错的……"他母亲的所做作为和马斯洛提出的人本主义理论完全相反,马斯洛也承认自己的人本主义理论就是在遭受母亲这样的对待后,为反抗母亲而提出的。马斯洛虽然与父母关系都不好,但他更无法忍受母亲,因此,即使他与父亲和解后,也不愿与母亲和解。在他母亲过世时,他甚至没有参加她的葬礼。

1943年,马斯洛在《人的动机理论》一书中提出了著名的需求层次论。在这一理论中,马斯洛认为人的需求可以从低到高分为五个层次,分别是生理需求、安全需求、归属与爱的需求、尊重的需求、自我实现的需求(如图3-1所示)。人对这五个需求的满足是逐层递进的,即多数人是先满足低级需求后才会再满足更高级的需求。

1. 生理需求

生理需求是人的最低、最基本层次的需求,但也是最优先需要被满足的需求。这类需求包括:饿的时候能有食物吃、渴的时候有水喝、有可以住的场所、

图 3-1　马斯洛的需求层次论

有衣服穿、性需求可以被满足等。也就是常说的衣、食、住、性欲等基本生理需求。需要指出的是，这里的生理需求的满足不是要吃得、住得多么好，而是指能基本吃饱、有遮风挡雨的住处。

生理需求是一个人生存所必需的基础条件，马斯洛说："一个人在吃都没有保障的情况下，它对食物的兴趣，将远远大于对音乐、诗歌、汽车的兴趣。"在现实生活中，人们的生理需求主要表现为对金钱的追求。

2. 安全需求

在满足基本生理需求后，多数人开始追求满足安全需求。安全需求是指个体有免受心理和生理伤害的需求，这种安全可以指人身安全、生活稳定、财产安全、工作安全、社会有保障、婚姻稳定、亲密关系安全、身体健康、心理健康等，以保证自己免于危险、灾难和心理压力。

3. 归属和爱的需求

在满足生理需求和安全需求后，多数人开始追求满足归属和爱的需求，这也常常被称为交际需求。

归属的需求是指能够感觉自己归属到某个群体,能够成为群体的一员,被群体所接纳。爱的需求是指能够被恋人爱,能够爱别人,伙伴或同事之间关系融洽或有好的友谊及忠诚,得到别人的关心。

4. 尊重的需求

在基本满足前三项需求后,多数人开始追求满足尊重的需求。尊重的需求包含自己对自己的认可、尊重以及外部对自己的认可、尊重。

追求外部的认可、尊重是指获得某些成就、名声、地位,受到他人的认可、崇拜、敬重等,如人会追求董事长、总经理、经理、教授、总工、副教授、科长、处长、局长、厅长之类的身份地位。人们喜欢受到别人的公开表扬,如大会表扬、发文章表扬、颁发荣誉勋章、光荣榜表扬等,或用各类消费品来彰显自己的价值并受到他人的尊重,如昂贵的衣服、豪车、名表、名包等。

追求内部尊重是指人自己的内心是自信的,认为自己是有价值的,对自己是高度接纳的。

这类需求不满足的人或过度追求外部认可的人,会变得特别爱面子,容易被虚荣的头衔吸引,如过度追求教授、总工等头衔而自己疲于奔命。

5. 自我实现的需求

在满足前四项需求后,多数人开始追求满足自我实现的需求。这是马斯洛需求层次理论中的最高层需求。自我实现是指个体的能力、潜力可以被充分发挥,可以完成符合自己能力的事情,个体会感觉人生很有意义。

自我实现并非指个体能够实现自己定下的目标,而是指合适的人去做合适的工作,即有经商天赋的人可以去经商,有研究天赋的可以去研究,有管理天赋的人可以去做管理,有绘画天赋的人去画画,而无法自我实现的人会感觉生活空虚、无意义。

马斯洛认为,人的需求有高层次和低层次之分。生理需求和安全需求属于低层次的需求,交际需求、尊重的需求、自我实现的需求则属于高层次的需求,人的需求是从低到高依次排列的,只有满足了较低层次的需求,高层次的需求才会产生。人首先追求的是低层次的需求。为了生存,人首先会有吃饭、穿衣、住所的需求,需求有一份稳定的收入,需求保证人身安全不受威胁,这时,他往往追求的是这些较低层次的目标。而一旦解决了衣、食、住、行的问题,满足了生理需求和安全需求,人就会产生新的、更高层次的需求,他需求与人交往,渴望得到别人的尊重,拥有一定的社会地位,希望能发挥自己的能力,实现个人的人生价值,这时,迫切需要满足的就是这些高层次的需求,低层次的需求就相对处于次要的地位了。

如何区别需求的高低呢?马斯洛提出了区分这两个层次的基本前提:较高层次的需求主要通过内部因素满足,如工作趣味性、工作意义性、工作带来的社会地位等,这些内部因素使人得到满足;低层次需求则须通过外部因素,如报酬、合同、任职期等使人得到满足。根据这一分析,不难得出这样的结论:在经济繁荣时期,管理者应通过对较高层次需求的满足来激励员工,因为长期雇佣员工的大部分低层次的需求都已经得到了很大程度的满足;在经济萧条或经济危机时期,由于员工的收入降低,安全没有保障,采取措施满足低层次需求将会更加有效。

有没有人的需求不是逐层发展,而是跳跃式发展的呢?有的,但这类人比较少见,比如不少伟人,常常生理需求或者安全没有相对满足,就发展到了自我实现的需求,这类人占人群总数的百分比极低,没有普遍意义。

关于需求层次论的一些争论

多数人知道马斯洛的需求层次论有五个层级,但在1954年,马斯洛在《激励与个性》一书中增加了两种需求,分别是求知的需求和审美的需求。他认为这两种需求应该在尊重的需求和自我实现的需求之间。

第3环 人本主义心理学：马斯洛需求层次论

求知的需求是指个体探索自身和周边世界，理解和解决生活中问题的需求；审美的需求是指个体都有欣赏身边美好事物的需求，这些事物可以是秩序、真理、结构化、自然的。

增加了这两项后，马斯洛的需求层次论变成了七层：生理需求、安全需求、归属和爱的需求、尊重的需求、求知的需求、审美的需求、自我实现的需求。

人文学科都是有争论的，马斯洛在提出需求层次论后，同样引起了巨大的争论。

很多学者对需求是否按照层级逐次满足有很大疑问，例如，在许多宗教团体中，部分信徒对宗教信仰的需求强度可以远大于对安全、生理等需求的强度。他们可以为了信仰清修苦行，将吃、穿的欲望降到最低，摒弃性欲，甚至可以为了宗教欣然赴死，在他们的眼中，这种为了宗教、理想的赴死是可以获得上帝、先知喜悦的，是荣耀的。

在印度教、基督教的信仰者中，有大量的苦行僧、清修者，他们相信通过各种苦难可以修炼心性，他们吃最差的食物、忍受恶劣的环境、对自己的身体进行折磨，他们认为这样可以修成正道或得到上天的启示。

圣雄甘地就是著名的印度教教徒，在饮食方面，他和所有苦行僧一样，杜绝荤食，连牛奶也不喝，在甘地36岁时，他更是突然对妻子说自己决定禁欲，不再和妻子行夫妻之事，而后的39年里，他和自己的妻子就再也没有过夫妻生活。

在甘地的晚年，印度教教徒和穆斯林教徒发生大规模冲突，甘地曾十数次地绝食，并告诉众人只有大家停战他才会恢复饮食，而多次绝食都曾让他接近死亡。这些行为都和人的基本生理需求相矛盾，这样的跳层发展是不符合马斯洛的需求层次论的。

也有学者提出，人的主要需求的先后顺序实际上是不固定的，例如，在不同的年龄阶段，主要的需求就会变动：儿童最需要满足的是生理需求，青少年最注重的是尊重的需求，老年人对安全的需求最高。

有部分学者认为,马斯洛的研究有偏差,因为他当年观察研究的都是健康人,所以,对于有心理疾病的个体来说,这套理论就不再适用。例如,抑郁症患者对安全需求的渴望程度就要超越常人。

还有学者认为,基因遗传本能也应该算作一层需求,如人的繁衍的需求、性欲、对伴侣的爱的需求和对孩子的本能的爱等。但这层需求放在哪里很有争议,因为它与现有的生理需求、归属与爱的需求等都有交叉,同时,其中还有马斯洛需求层次论中并未涉及的部分。

马斯洛的七层需求理论中涵盖了大部分利己的需求,但并未明确指出人有利他的需求。笔者认为人的本能不可能只有单纯的利己成分,纯粹利己的人是不能在人类这个群体中生存的。笔者写作本书时54岁,在笔者的一生中没有遇到过任何一个纯粹利己自私而不利他的个体,因此,笔者认为利他也应是一种基本需求。只是利他的本能与利己相比不那么明显,绝大多数人的利己强度超过利他,只有极少数人的利他强度超过利己。

虽然有这样或那样的争议,但马斯洛需求层次论无疑是有巨大启发意义的。笔者的观点是,应该在马斯洛需求层次论的基础上,再加两层需求:

其一是利他需求,指的是他人需要或对他人有益的需求,该需求应在尊重的需求之后。

其二是对信仰或者永恒意义的需求,即个体对永恒价值的追求或个体对永生追求的替代需求,这一需求可放在自我实现的需求之上,即最高需求。

另外,笔者认为求知的需求应在尊重的需求之前,排在第四。

所以,本书认为的需求层次为九层(见图3-2),分别为:生理需求、安全需求、归属和爱的需求、求知的需求、尊重的需求、利他的需求、审美的需求、自我实现的需求、信仰和永恒价值的需求。

笔者认为上述的九层需求理论还是不够完善,仍然不能准确、完整地体现人们复杂的需求,并且层级的顺序也并非完美,但这样的分层可以帮助理解消费者行为演进的某些规律。这将在下一个小节详细探讨。

图 3-2 九层需求层次论

马斯洛需求层次论与消费者行为演进

在消费者行为演进中,我们可以清晰地看到消费者行为变化的趋势,对理解消费者行为有着重要的指导意义。

马斯洛需求层次论指出,人的需求是从生理需求、安全需求、归属与爱的需求、尊重的需求、自我实现的需求逐步演进的。

我们来看看中国民众主流消费需求的演进过程:

中国民众的主流消费需求仍旧遵循上述规律,已经走过了生理需求阶段和安全需求阶段,正处在向归属和爱的需求迈进的过程中,也就是说中国民众的主流需求是归属与爱的需求还没有被充分满足。当然,中国人口数量是庞大的,也是复杂的,有少部分人正在追求尊重的需求,还有少部分人在追求自我实现的需求,但这两部分需求均不能算作主流。

现在是2021年,大约30年前,中国人的主流需求是追求生理需求,解决吃与穿是首要问题,吃更是重中之重。那时候的中国,吃的信息、吃的心理暗示、吃的热情充斥着社会的方方面面,许多与吃不相关的东西都会与吃挂上钩:

  中国人见面打招呼时问:"你吃了吗?"
  工作岗位被称为"饭碗",国有企业工作岗位被称为"铁饭碗"。
  丢掉工作被称为"炒鱿鱼"。
  决策准确被称为"吃准了"。
  决策错误被称为"吃饱了撑的"。
  不改变主意、不听劝被称为"王八吃秤砣,铁了心"。
  贪污腐化严重被称为"吃相难看"。
  工作做错了,被责骂为"干什么吃的"或者"吃了批评"。
  打架自古以来都被称为"吃我一拳",上海话扇耳光就叫作"吃耳光"(上海音:吃泥光)。
  努力做事叫作"使出了吃奶的劲"。
  充分领会上级文件的含义被称为"吃透了上级精神"。
  数理化学习中掌握好基础理论被称为"吃透基础"。
  女人嫁男人叫作"找了个给饭票的"。
  一见钟情叫作"王八对绿豆,对眼了",两者都是以前民众喜爱的食品。
  女人表达对丈夫的愤恨,常说:"我恨不得吃了你!"
  还有的女人亲切地称呼丈夫为"吃千刀的"。
  女人对男人若即若离叫作"吃不着馋得慌"。
  丑男追美女叫作"癞蛤蟆想吃天鹅肉"。
  崇洋媚外者叫作"吃中国的饭,砸中国的锅"。

朋友从远方来,先吃一顿,叫作"接风"。

朋友离开去远方,还是吃一顿,叫作"饯行"。

朋友升官了大家吃一顿,叫作"贺喜"。

朋友掉官了也是经常吃一顿,叫作"压惊"。

结婚了,自然要大操大办吃一顿,称为"结婚喜宴"。

孩子出生了一个月后,大家又大吃一顿,称为"满月酒"。

死了人也是大吃一顿,叫作"豆腐饭"。

考上大学,大家大吃一顿,一般要把老师请来,叫作"谢师宴"。

男女初次相亲,如果没有吃喝,仿佛就觉得不对劲。

儿女表达孝道,经常选择带父母出去下馆子。

同学相交,表达感情的主要方式是一起吃吃喝喝,没有吃吃喝喝,那绝对不会成为铁哥们。

连中国的神仙也跟外国的不同,欧美国家供神主要是鲜花与清水,中国则是大肉包、猪头、果品、好酒等。

笔者举了这么多例子,是想充分说明,1990年以前,中国民众的主流需求就是生理需求,除了吃之外,主要就是穿、住、用,实际表现为对钱的需求。那个年代的人也是非常节约的,人生是否成功,主要就是看能不能发大财。在这一时期,过年时人们之间说的最多的话不是"新年快乐",而是"恭喜发财"。

1990年以后,中国民众的主流需求逐步向安全需求迈进,直到2020年左右,中国民众的安全需求基本满足,正逐步向归属与爱的需求迈进中。

与此判断相印证的是,在1990—2020年,出现过大量与安全有关的消费行为,比如:

防盗门、防盗窗大量出现,而以前人们主要关心吃饭,很少有人有财力装防盗门、防盗窗。

保险产品逐步畅销了，形成了巨大的市场规模，这在以前是不可能的。

储蓄大量出现，以防不测，而以前是无钱可储，优先关心吃饭。

出现了品牌猪肉，以前是有肉吃就不错了，没人关心食品安全；有机菜开始流行，也是关心食品安全。

摄像头越来越多，大大提升了治安水准。

对养老保险的需求越来越大，大家不仅要关心今天，还要关心明天。

……

到2020年，中国人的主流需求又发生了新的转变，正在向归属与爱的需求迈进，但这个需求还未被充分满足，请注意以下现象：

在民间，参与宗教的人特别是参与基督教的人越来越多，主要是因为基督教满足归属与爱的需求程度远比佛教高。

离婚率持续高涨，主要原因是女性安全感大大增强，觉得离婚也不愁没饭吃，追求真爱的程度提高。2019年的数据显示，在离婚诉讼中，由女性主动提出的比例超过70%，大家对婚姻的经济功能有所淡化，强调爱的程度有所提高。

以前，农村的人际关系有很强的经济互助功能，即满足人的安全感需要，农民对宗族关系网是极其重视的；现在，农民觉得脱离了宗族关系网照样可以活下去，也就是安全感增强了，所以，农村中以宗亲关系为主的人际关系网正在瓦解。社会新的关系网强调气味相投与精神交流，过去农村那种名牌大学的堂哥和小学生堂弟感情很好的现象在减少，转变为强调双方要相处得好，必须要有感情交流。

各种相同爱好的社交组织纷纷涌现，喜好相同的人凑在一起，形成了"圈子文化"，如红酒会、赛马会、IT圈、拳击圈、街舞圈、红歌圈、羽毛球圈、985相亲圈、动漫圈、露营圈、钓鱼圈、各种明星的粉丝会等，这些圈子的经济互助功能和安全保障功能与过去的宗亲关系网相比,大大地弱化了,开心、感情交流的功能和"我们是一类人"的归属感增强了。

另外,男女间那点事比以往任何时候都更易成为社会的热点,这是中国主流人群需求层次变化的典型体现。

在2020年左右,人们过春节的祝贺语多半是和心情有关的东西,比如,祝你万事如意!祝你幸福!祝你开心!祝你心想事成!祝你安康!祝你婚姻和美!说"恭喜发财"的明显减少。

当然,这是对中国主流需求变化的分析,并不代表全部。国人中的中产阶级中上层,比如在2020年,年税前收入24万—60万元的人群,他们已经向尊重的需求迈进,表现为强调自己的权力,对社会要有影响力,在物质消费品方面表现为通过购买奢侈品来标识自己的身份,把自己和其他人区分开来,同时对各类头衔有强烈追求。这一类人是比较讲究架子、牌面的,看上去架子比较大,威严感比较高,特别像成功人士。另外,极少数中产阶级上层、部分成功的企业家、部分大知识分子、部分官员等极少数精英人群已经走向满足自我实现的需求,开始探寻人生的意义,以更宏大的视野观察这个社会,在更加宏大的行为中去感受自己的价值,并且开始追求有永恒意义的东西。他们已经对奢侈品无感了,对各类头衔感兴趣的程度也巨幅下降,因为他们光凭自己的名字就可以标识自己的身份,就可以把自己和大多数人区分开来。所以,许多亿万富翁或者其他地位很高的人常常是衣着随便、态度随和的人,不太像民众眼里的成功人士。

所以,需求层次论对我们理解消费者行为有着重要的指导意义。这要求我们在判断投资与创业项目时,要充分考虑需求层次的变化与演进,判断该投资项目针对的总需求是在增长还是萎缩,这是十分重要的。

当然,需求层次不断上升,是建立在经济不断增长的假设基础上的。如果经济下行,社会主流的需求层次同样会向下发展。

创业项目评估实例

高价足浴店创业项目分析

有人向笔者融资,准备对足浴市场进行细分化,针对高收入的年轻中产阶级、富二代和高收入的中产阶级二代提供高价的足浴服务。

在2021年的中国,足浴市场的工作人员数量可能超过1 000万,但普遍是微利。该项目主持人针对这个状况,打算以打破微利为目标,面向高收入的年轻中产阶级、富二代、较富裕的中产阶级二代提供有差异化的足浴服务。项目主持人29岁,男性,211大学行政管理专业毕业,自筹资金100万元,向笔者融资约700万元。项目简要描述如下:

该项目计划面积约700平方米,地点在上海市宝山区,年租金约50万元,装修风格为轻度日式风,定价为每小时约1 000元,足浴技师以女性为主,提供的差异化产品为:女技师在为客户捏脚时,为满足客户的自尊心,一边捏脚,一边喃喃自语:"香!真香!"同时,女技师要眼睛半闭,展示出陶醉、享受的表情,脑袋轻轻晃动,说话声音要轻,脑袋晃动的幅度不能过大。当然,要做到这些,严格的训练是免不了的。

在其他方面,该项目也追求高质量。比如,女技师相貌要漂亮,并且要严格培训她们的中医穴位知识;在招聘时对女技师开出较高的工资,且对于优秀的女技师提供员工持股计划,降低人员流动率,同时提供条件中上的集体宿舍;考虑到客户的文化程度可能偏高,还要对女技师进行《沟通心理学》的培训。

项目主持人声称,之所以找笔者融资,就是因为笔者擅于讲《沟通心理学》的培训课程,而不仅仅看中笔者有钱。

项目主持人口才较好,创新力很高,有过7年的职场经验,做过中层干部,在大学时代就是院学生会副主席,有领导潜能,对本项目充满信心,认为一定会创业成功。笔者还了解到,该项目主持人青少年时代父母离婚,随母亲生活,母亲是指责型人格,曾长年累月地对项目主持人进行批评教育。

该项目主持人自认为其最终筹款能力为3 000万元人民币。

笔者对这个项目的看法是:虽然非常创新,却难以盈利,为什么呢?

因为根据马斯洛的需求层次论,2021年左右,对于本目标市场的消费者,他们的青少年时代是没有极穷经历的,因此,潜意识没有那么自卑,对这种"马屁"需求不太强烈,而且能够支付每小时1 000元的人,多数人的需求已经越过生理需求、安全需求、交际的需求、尊重的需求,正向自我实现的需求迈进。

如果把这个项目的服务对象移向年龄大的人,如此创新的项目,恐怕年龄大的人也难以接受,所以,改变消费对象也是不行的。

还有一个问题,这个项目虽然非常创新,模仿难度却很低。假定他成功了,成功的时间也很短,周边的人会竞相模仿,用半年至一年的时间,就可以把本项目的价格拉低,最终还是会走向微利。

根据马斯洛的需求层次论,笔者认为本项目需求判断不准,不可投资。

第 4 环

态度协调理论

随着经济的发展,人们对精神类商品的需求逐渐高涨,那么,精神类商品畅销的原因是什么呢?

答: 态度协调理论提供了一种独到的解释。

态度协调理论概述

> 在心理学中，**态度**是人对某种想法、事件、对象或人的相对稳定的心理倾向。

态度由三种心理成分构成，分别是认知成分、感情成分、行为成分。

（1）认知成分。认知指个人对态度对象的理解或认识，包括人类对态度对象的信念、思想和属性。通俗地说，认知成分是个人的看法，比如，"婴儿是可爱的""吸烟有害健康""蛇是可怕的"等。

（2）感情成分。感情指个人对态度对象的感觉、情绪，如恐惧或憎恨。用上面的例子，有些人可能有这样的态度，他们喜欢婴儿，因为婴儿可爱；或者他们讨厌吸烟，因为吸烟有害健康；或者他们见到或想到蛇就产生恐惧，因为蛇是可怕的。

（3）行为成分。行为指个人对态度对象以特定的方式表现的倾向，即个体如何作出实际反应或者行动。仍然用上面的例子，行为可能是"我等不及想要抱一抱孩子"，或者"我们最好把那些吸烟者赶出图书馆"，或者"我要远离蛇，看到蛇时我会大声尖叫"。

态度协调理论是指，当上述三种成分协调后，个体身心感到舒适；当上述三种成分矛盾时，个体会感到紧张，进而产生痛苦感。因为个体的本质是避免痛苦，走向幸福，所以，在三个成分矛盾的情况下，个体会通过各种各样的方法重新调整三个成分的关系，使三者趋向于协调。

态度协调理论的重要启示

下面举一些例子来说明从态度协调论的角度出发，哪些情况人是开心的、舒适的,哪些情况人是烦恼的、痛苦的。

第一个例子:

在校学生在对待学习的态度上,有以下三类:

第一类学生,他们在认知上认为学习非常重要,学生的第一要务就是学习;他们在情感上喜欢学习,一看到书本就有一种愉悦的感觉油然而生;他们在行为上每天孜孜不倦地学习,犹如书虫般一头扎进书堆,不亦乐乎。这类学生是非常幸福的,也许旁人会觉得他们很辛苦,但他们本人会觉得非常开心。

第二类学生,他们在认知上觉得学习无用,认为年轻时就应该好好地享受人生;在情感上,他们讨厌学习,喜欢打球、打游戏、到处旅游;在行为上,他们在大学里放飞自我,整天玩,不学习。这类学生也是非常幸福的,虽然他们可能有很多课程不及格,但是心情是开心的,因为认知、情感、行为是协调的。

第三类学生,他们在认知上认为学习非常重要,学生的第一要务就是学习;在行为上,他们在大学里放飞自我,整天打球、打游戏、逃课。这类学生由于认知和行为不协调,内心非常痛苦,得焦虑症、抑郁症、强迫症等心理疾病的概率,以及得高血压、糖尿病、皮肤病、失眠等心身疾病的概率,都要高于普通人群。这类学生还有一个特点,往往自己给自己定一个学习目标,但是一般都无法完成。比如,在打球之前赌咒发誓:"今天我就打一小时,如果超过一小时,我不是人,而是一头猪!"结果又打了两三个小时……

第二个例子:

在官员中,有两类官员是非常幸福的,有两类官员是非常痛苦的。

第一类官员,在认知上,他们认为贪污罪大恶极,不可饶恕;在情感上,爱钱的程度不那么高；在行为上，廉洁自守，两袖清风。这类官员的认知、情感、行为处于协调状态，会感到身心愉悦。

第二类官员，在认知上认为从古至今贪污的官员众多，贪污一点钱为了自己生活更好是可以接受的；在情感上，非常爱钱；在行为上，利用职务上的便利进行贪污。尽管这类官员的做法是我们要批判的，但是由于他们内心是没有矛盾的，他们活得非常开心。

第三类官员，在认知上，认为贪污罪大恶极，不可饶恕；在情感上，非常爱钱；在行为上，经常利用职务上的便利赚一点灰色收入。这类人是非常痛苦的，因为他们的认知、情感、行为处于不协调的状态。

第四类官员，在认知上，认为从古至今贪污的官员众多，贪污一点钱为了自己生活更好是可以接受的；在情感上，非常爱钱；在行为上，由于自己处在一个清水衙门，无法捞到外快。这类人由于认知、情感、行为处于不协调的状态，也是非常痛苦的。

上述第三、第四类官员由于整日处在痛苦之中，产生抑郁症、焦虑症、强迫症、失眠、高血压、糖尿病、肥胖、甲状腺结节、肠胃病、皮肤病、癌症等心身疾病的概率要高于普通人群。

当个体的认知、情感、行为处于矛盾状态或失调时，个体的反应模式是：努力重新协调态度的三种成分，使之趋向协调、一致。

接下来，我们以烟瘾为例来分析人是如何协调态度的三种成分并使其趋向协调一致的。有的人在认知上认为吸烟有害健康；在情感上却又非常喜欢抽烟，因为抽烟给自己带来愉悦的情绪体验；在行为上，一天抽两包烟。这类人是非常痛苦的，缓解痛苦的方法主要有以下三个思路：

（1）重新调整行为——戒烟。使用这种方法的人很少，因为戒烟需要非常强大的意志力，一般人很难做到。

（2）重新调整情感。调整情感的基本思路是把抽烟和痛苦的感觉联系在一起。笔者有时也会采用这样的调整方法。笔者在帮助别人戒烟时,会给他一根橡皮筋套在手腕上,每当他想抽烟时,就要求他把橡皮筋拉开5寸然后放手,并至少重复3次。这样,他的手腕就会非常疼痛。笔者一般会要求其至少坚持3个月,逐渐地,抽烟的愉悦体验就被橡皮筋弹到手腕的痛苦所覆盖,他对香烟的情感变成了负面,烟瘾就会逐渐减少甚至消失。但是,重新调整情感的方式也费时费力,能坚持到底的人也不多。

(3)重新调整认知。由于调整行为以及调整情感都非常困难,因此,大多数人都走向了调整认知这条路。比如,他会找到反例,并把焦点集中于反例,来论证他抽烟的合理性——隔壁老王已经90岁了,身体倍儿棒,依然每天抽两包烟,可见抽烟对身体并没有多大伤害。甚至,有些可能会得出这样的结论,香烟对身体非但没有害处,反而更加有利,因为香烟可以以毒攻毒,消灭体内的细菌、病毒,多抽烟得感冒的频率都会减少。经过一番论证,认知与行为协调了,个体就走向了"幸福"的彼岸。

也许有人会问:"这不是自我欺骗吗?这没有解决根本问题啊?"是的,人是非常善于自我欺骗的动物,这也确实没有解决根本问题,但人是非理性的,人活在世界上不是为了追求真理,而是为了追求幸福。经过这样一番论证,个体往往会觉得心情愉悦。而且,这样的论证成本非常低廉,短期的效果又非常好。关于抽烟,笔者做过一个实验,从这个实验可以看出,不同程度的烟瘾,自我欺骗的程度是不同的。这个实验的过程是这样的:

> 笔者找来100个人,他们可分为四类,分别是不抽烟的、小烟鬼、中烟鬼、大烟鬼,同时观看以下过程。笔者请人抓来一些菜里面常见的小青虫,等分成A、B两堆,放在桌上。然后,找来一个人,先对A堆青虫吹气,再抽两根烟后对B堆青虫吹气,B堆青虫接触到的是香烟的烟雾。10分钟后,A堆青虫全部活着,说明吹气不会导致青虫死亡;而B堆青虫纷纷死亡。接着,笔者请这100人单独到会谈室进行谈话,谈谈自己看完这个实验后的感

想。之所以要单独谈,是为了让他们每个人都独立思考,防止意见相互干扰。不抽烟者、小烟鬼、部分中烟鬼在看了这个实验之后,都纷纷表示,吸烟的危害比想象中要大得多!仅仅只是吐了几口烟,就导致小青虫的死亡,非常可怕!但是,那些大烟鬼以及另外一部分的中烟鬼却得出出人意料的结论,他们表示:"这个实验充分说明了,吸烟在很大程度上是对人有利的,因为抽烟可以杀死肚子里的蛔虫!"可见,烟瘾越大的人,自我欺骗的程度越高,因为烟瘾大的人如果不进行如此高程度的自我欺骗,把吸烟论证成对健康有利的,人就会活在强烈的痛苦之中。

使用态度协调论,可以指导我们更好地处理工作、生活中的许多事情,让人生变得更加幸福,也可以解释许多现象。下面,笔者再举一些典型的案例。

第三个例子:

假设某地大力推行高等教育,投入了大量的财力,把大学教育变成了全免费。我们不考虑该地是否有这样的财政实力,仅仅考虑实施这样的政策后,大学生的学习积极性是提高了还是下降了。答案是下降了!假设一个人交了一定数量的学费,他在认知上觉得学习没什么用,但是行为上却花了钱,此时,认知与行为是矛盾的,他潜意识中就会推导出一个结论:"我简直是个大傻瓜,交了钱还觉得学习没用!"中国人是非常聪明的,因此,为了协调认知、情感、行为的矛盾,大学从没有退学费这一说,这就迫使他好好学习,提高学习效率。如果不交学费又没有努力学习,认知、情感、行为是协调的。实践中笔者发现,收费学习比免费学习的效果要好几十倍。

第四个例子:

中国有句俗语叫"斗米养恩,担米养仇",意思是如果给别人比较小的帮助，别人会感激你，但是如果给别人很大的帮助，别人非但不会感激你，反而会与你成为仇人。这类现象在现实生活中并不是个案，许多人会理所当然地认为帮助别人越多，别人感激得越多。其实，从态度协调论的角度来看，这样的现象是可以理解的。当别人给一个人很多钱时，这个人会在认知上认为我不应该拿这么多钱，行为上却把这些钱收下了。认知与行为产生了矛盾，此时，有两种做法：第一，改变行为，想办法把钱还回去。但是，由于损失敏感效应（失去钱的痛苦比获得相同数量钱的快乐要大），一般人在拿到数额不菲的钱之后，是很难还回去的。第二，调整认知，找到一定的理由，论证对方把这么多钱给我是理所应当的。要想这么做，只有一条路，就是挑对方的毛病。比如，如果对方是企业主，这个人的协调过程就可能如下："对方之所以给我这么多钱，是因为对方长期剥削自己的员工，给我钱是为了洗刷自己的灵魂！"或者："对方这么有钱，才给我这么一点，真的是坏透了！"经过这样一番协调，两个人便反目成仇了。

这个案例也给社会管理提供了一定的借鉴意义。适度的公益是有利的，但过度的公益是不可取的，一旦给对方过多的好处，接受帮助的人非但不会感激做公益的人，反而会在背后数落对方的不是。

态度协调论还给了我们一个重要的启示：无论认知是否科学，凡是能够缓解态度三种成分矛盾的认知易于被个体所接受。

目前，全世界主要的宗教有佛教、基督教、伊斯兰教等。据统计，世界上信仰宗教的人占总人口的比例有70%左右，数量非常庞大。从态度协调论的角度理解，之所以信仰宗教的规模如此巨大，是因为宗教协调了人对生与死的矛盾态度。在生与死的问题上，许多人的认知、情感、行为是矛盾的：认知上认为人肯定要死，情感上讨厌死亡，行为上不得不死。这样的矛盾给人造成了很大的痛苦，而任何宗教都在一定程度上调整了人肯定要死的认知，告诉人们死后以各种方式继续存在。比如，佛教说死后或进入轮回重新开始，或成佛解脱生死，进入极乐世界；基督教说人可以进入天堂；伊斯兰教说人可以进入天园。

想象一下，人死亡之后，尸体在大地中腐烂，无数的虫子把腐烂的尸体吞噬，最终连白骨都没有剩下，化为灰烬消失于茫茫大地之中，将会是多么痛苦！再想象一下，人死亡之后，灵魂得到升华，进入天堂，可遍尝所有美食，尽阅天下风景，还可以与亲朋好友一起打麻将、聊人生，何其快哉！这样一对比，就会发现信仰宗教是多么令人喜悦。至于宗教科学与否，在让人开心面前，就显得无足轻重了。

再比如，市面上成功学的培训受到很多人的追捧。此处，笔者对成功学的定义是：否认了人的天赋秉性，认为人只要通过一定的方法，就可以成功（赚大钱）的学说。许多人对于成功的态度是矛盾的：认知上认为成功比较难，情感上喜欢成功，行为上追求成功。由于认知与情感的矛盾，许多人活在痛苦之中。此时，如果有人告诉你："人人都可以成功，你之所以不成功，是因为梦想不够大，只要梦想够大，就能成功！"或者有人告诉你："人人都可以成功，是因为你心不够诚，上帝无法感知，只要心足够诚，不断向上帝散发'我要成功，我要成功'的信号，就能成功！"那你心理一定顿时觉得成功就在眼前，之前的痛苦都烟消云散了。成功学之所以能受到很多人的追捧，是因为其满足了许多人无本、轻松、迅速、发大财的心理需求。当然，笔者是非常反对成功学的，因为成功学把人的欲望放得非常大，一旦某一天发现欲望破灭了，就会产生严重的心理问题。

类似地，曾经有一本关于减肥的畅销书，这本书的内容是完全不科学的，但是由于人在减肥与吃的关系上认知、情感、行为的矛盾，许多胖子看到书名就眼前一亮，觉得前途一片光明，就会马上下单购买，这本书的名字叫《多吃减肥法》。如果笔者想写一本管理学的畅销书，也可以从员工的认知、情感、行为协调方面入手。该书的核心管理要义就是：无为！领导应该让员工自己管理自己、自己教育自己、自己解放自己，具体方法是取消考勤制度、取消监督控制部门、取消审批制度等。这种书员工看了很开心，书的销量一定是可观的。但笔者毕竟是个知识分子，这种不顾学术严谨、取悦大众的书实在是不好意思写。

笔者要特别提醒的是，当一种改造社会的学说广为流行，变成了文化程度很低的人群都普遍接受的东西时，这种社会学说常常不是真理，70%左右的概率是协调了认知、情感、行为的矛盾，多半是胡说八道的。这种社会学说在学术上叫民粹主义，即满足了低文化程度读者非理性的、直觉性的、表象性的需求。

再举一个例子：

> 早年有一个地方大雪，有一列火车行进至雪中无法动弹。列车上有几百人被困，没有饭吃，没有水喝，由于大雪封路，救援队要3天后才能赶到。此时，周围的村民纷纷跋山涉水卖食物给列车上被困的人，价格很高，一瓶水卖10元，一个鸡蛋卖20元，一包方便面卖30元。当地政府在得知此事后，面临一个决策，要不要管控物价？从民粹主义的角度看，当然要管控物价，这么高的物价简直是在抢钱，列车上的人被困已经很可怜了，竟还要这样对待他们。但是，如果我们拨开层层表象看其本质，就会得出完全相反的结论——政府不应该管控物价！因为如果管控物价，附近的村民就没有动力冒着严寒、跋山涉水给这些人送吃的，必然会造成列车上这几百人没有吃的。那么，在如此恶劣的环境下，是有可能死人的。相反，政府应该大力宣传，鸡蛋已经卖到了50元一个！这样就使得周围有更多的村民过来卖吃的，比如，附近有个村庄，有爷孙两人，他家的母鸡生了蛋，本来这个鸡蛋是爷爷留给孙子吃的，但是一听到鸡蛋卖50元一个，很可能这个给孙子的鸡蛋就被省下来供应列车上的人。一方面，随着供应的增加，物价会下降；另一方面，列车上被困的人就会有充足的食物，不至于被饿死。

态度协调理论在减肥方面的错误应用

为了减肥，他们是如何上当的？

2021年，中国肥胖人数众多，减肥成了一个重大的社会问题，许多人为此烦恼不堪。特别是女性，对此十分重视，如若有人告诉某位女性她胖了，会引发极大的反感。而中国又是一个极其重视吃的国家,逢年过节,很多人都会胖许多。笔者就认识这样一位女性,过了一个春节胖了许多,春节后她到超市里去买东西,由于肚子太大,被保安拦住了,怀疑其肚子里藏了商品。这位女性义正词严、大义凛然地宣布道:"都是我的!都是我的!是我的肉!是我的肉!"从此,她就扎进了寻找减肥妙方的狂热情绪中,结果被骗了许多钱。

这是怎么回事呢?

对于"吃"这个问题,多数胖子的认知、情感、行为是矛盾的:

他们认知上认为应该少吃!
情感上对吃的情绪体验是喜悦开心!
在行为上常常多吃!

认知、情感、行为的矛盾给他们造成了巨大的痛苦,而人有逃避痛苦、追求幸福的本能。于是,骗子也许并没有什么理论指导,出于他的经验,设计了一个非常巧妙的骗局,宣称他有一系列减肥训练法,减肥效果非常好。经过特殊软件P出来的减肥前后对照图是非常惊人的。当然,这个减肥训练的价格非常贵,实际效果也非常差,可是上当的人却络绎不绝,为什么呢?

因为这个训练宣称的内容实在太吸引人了,许多胖子一看见这个训练的宣传资料,立刻眼睛一亮,感觉世界充满了光明。为什么呢?因为这个训练的主要内容是:

多吃减肥法!
多吃减肥法!
多吃减肥法!

如果读者是胖子,请你想一想:如果多吃,还能减肥,这个世界是多么地美妙,心情是多么地愉悦,人生是多么地幸福!

在胖子中,不乏冲动型人格者,于是就付钱购买了训练服务,效果自然是很差的。更为奇特的是:投诉的人非常少,也许他们自己回想起来也感觉特别荒唐吧!所以不好意思去投诉,一旦投诉,等于证明自己很愚蠢,自己都会感到不好意思。

笔者是管理心理学专家兼心身疾病心理干预专家,在此提醒读者,80%的肥胖是有心理因素的,主要是烦恼过多,潜意识中认为人生已经很烦了,不吃点喝点找点快活,简直就是白活了!于是,就用吃的廉价快乐来对冲烦恼,还有就是安全感不足,潜意识指挥个体储备粮食,备战备荒,以应付不测。肥胖的主要心理因素还有很多,感兴趣的读者可以参阅笔者在复旦大学出版社出版的《重返健康:六大典型心身疾病的心理干预实务》,用潜意识沟通和身心柔术等心理干预方法去干预肥胖,使食欲下降,新陈代谢上升,体重自然就容易控制了。

笔者再次提醒亲爱的读者,让你愉悦的观点不一定是真理,但你特别容易接受哦!

第 5 环

行为主义心理学：强化理论

什么样的人适合做项目主持人呢？

答：可依据强化理论，通过考察其过去的生活环境推断出其所拥有的人格特质。

我们在选择投资项目或创业项目时，一定要考虑项目主持人的人格特质。所谓人格特质，就是个体对外界总体的心理反应方式，按照行为心理学的理论，项目主持人的人格特质是被其过去环境强化出来的。所以，我们一定要了解项目主持人过去的经历，进而推断出其总体反应方式是什么，以及拥有这种人格特质的人是否适合做项目主持人。这是非常重要的。

认识强化理论

在心理学的三大主要流派中，行为主义心理学研究的重点是外在的、客观的、可测量、可观察的行为，它反对潜意识学派（精神分析学派）的理论，认为潜意识是不可观察的，因而是不可证实的。行为主义心理学又有很多分支，其中最典型的是斯金纳的强化理论。

强化理论的核心是：人的稳定行为与情绪是强化与惩罚出来的。现用通俗语言简述如下：

> **强化**：当个体出现某种行为和情绪时，获得了好处或者远离了厌恶的事物，就会使这种行为或情绪趋向于重复。这种趋向，并不代表该重复一定出现，但有向这个方向发展的趋势。"获得了好处"被称为正强化，"远离了厌恶的事物"被称为负强化。

> **惩罚**：当个体出现某种行为和情绪时，获得了坏处或者远离了喜爱的事物，就会使这种行为或情绪趋向于抑制。这种趋向，并不代表该抑制一定出现，但有向这个方向发展的趋势。"获得了坏处"被称为正惩罚，"远离了喜爱的事物"被称为负惩罚。

上述的好处与坏处、厌恶与喜爱的事物,既包含物质的,也包含心理的。强化与惩罚两项加起来,统称为强化理论。

比如,

玩具对于大多数孩子而言都是喜爱的,小明把作业做完就可以奖励一个玩具,这就是对小明写作业的正强化;小明把作业做完就不用洗碗了,如果洗碗对于小明来说是一件厌恶的事情,那这个就是负强化。再如,小明作业没做完,家长让小明罚站,这就是对于不做作业的正惩罚;如果小明作业没做完,家长收走了小明的游戏机,拿走了小明喜爱的东西,那就是负惩罚。

又如,

为什么我们会坐着听课?行为主义心理学认为,我们不是天生喜欢坐着听课的,是被强化或惩罚引导的。其实,刚入学的幼儿园和一年级的小学生经常会听一会儿课就站起来晃荡,这样是更舒服的。成人为什么不边听课边散步呢?因为小时候这样做会挨打挨骂,而坐着听课受到了鼓励,于是,大家慢慢地都变成坐着听课了。也就是说,坐着听课是强化惩罚导致的,不是天生的。

在身体健康方面,强化与惩罚运用不当,还可能造成很多心身疾病。所谓心身疾病,就是由于心理因素导致的生理疾病。这些疾病很大比例与心理状态有关,而非单纯的生理性疾病,特别是有些不明原因、久治不愈的疑难杂症,大概率与心理因素有关。多年来,笔者通过心理方法改善或治愈疑难杂症的案例不胜枚举,药物只是辅助手段,调整心理状态才是关键。下面是一个真实的案例:

曾经有个来访者，她的父亲双腿瘫痪两年了，去医院检查找不出原因，腿脚也没有器质性的病变，但就是站不起来，更无法走路，只能坐在轮椅上，寻遍全国各大名医也没有好转。仔细分析后发现，这位父亲双腿瘫痪有巨大的好处：因为来访者的母亲，也就是瘫痪患者的妻子，有指责型人格，喜欢到处指责别人，这位患者长期被妻子骂得狗血淋头，痛苦不堪，直到有一次中风双腿瘫痪坐轮椅上，妻子担心丈夫从此残疾，突然变得关怀备至，小心翼翼，指责谩骂大幅度减少。患者从瘫痪这件事情上尝到了甜头，每当妻子指责，他就双腿瘫痪，妻子就不指责了，并且因为双腿瘫痪时妻子和女儿都非常慌张，患者享受到极大的满足感，瘫痪的行为得到了强化，所以就继续瘫痪下去。这种类型的瘫痪，手术或吃药的效果都是不明显的。

行为主义心理学还认为，人的情绪也是被强化、惩罚出来的。

有人会说："我今天情绪不好，所以我不去上班！"行为主义心理学反对这种说法，他们认为，情绪与上班不是因果关系，上班与情绪才是因果关系，是上班的强化、惩罚导致了个体对上班的情绪体验。比如，上班老是遭到批评，所以，上班的情绪体验不好。

另外一种情况也会导致上班情绪不好，就是情绪不好却得到了领导的鼓励。比如，愁眉苦脸的人会被老板认为干活卖力，升了工资、提拔了职务，于是，在公司形成了一种暗示：坏情绪有好处。那些受暗示强的个体，情绪就不好了。

对于强化、惩罚与情绪的关系，笔者持有限支持态度，因为笔者在实践中发现，潜意识与情绪的关系更大。

强化理论的其他注意事项

强化理论除了上述核心理论外，还有以下内容。

1. 强化、惩罚的方法要多样化

经常有这样的操作误区：调控个体或群体行为的方法过于单一，花样太少。心理学有个重要原理，即单一调控个体的方法的边际效应递减，甚至效应为零，还有走向反面的可能。

比如，

> 在管理工作当中，许多领导调控下属行为的手段非常单调，除了表扬-批评、奖金-罚款之外基本上没什么新的手段，这是一个很大的错误。因为这些老办法用多了，它们的边际效应递减，对下属的刺激力度越来越小，甚至还可能出现反作用。举个例子，假如你的下属喜欢吃红烧肉，第一天因工作好奖励吃红烧肉，感觉幸福感传遍全身；第二天吃红烧肉，觉得美味无比；第三天吃红烧肉，觉得味道不错……第十天再吃红烧肉，就没那么美味了，如果天天吃红烧肉呢？红烧肉的刺激作用在逐步下降，连续吃上一年的红烧肉，红烧肉就不是激励了，可能会变成一种惩罚。假如下属迟到了，可以笑眯眯地对他说：又迟到了是吗？今天中午请你吃红烧肉！

这就是所谓物极必反，重阳必阴，激励因素反成为惩罚因素。所以，在强化、惩罚过程中，调控个体行为的手段必须多样化，防止边际效益递减或失效，甚至走向反面。

如何才能提高强化、惩罚效果的边际效益呢？这就要打破思维局限，加强创新思维训练，结合实际情况不断创造新的强化、惩罚办法，笔者在专著《领导心理学》和《家庭管理心理学》中列举了很多实用有效的强化、惩罚方法，感兴趣的读者可以去阅读。

2. 分解复杂的行为，分别给予强化与惩罚

人是复杂的动物。很多时候，民众、员工或者其他调控对象的行为是复杂

的，不能简单地对其实施强化或惩罚，应该对他的行为进行分解，把一件复杂的事情分解成强化与惩罚方向明确的几件事，然后分别实施强化与惩罚。

3. 强化与惩罚应交替使用

强化与惩罚是二元平衡和谐管理中的阴阳因素，两者交替使用，缺一不可。强化的作用在于鼓励好的行为再现，只使用强化、不使用惩罚的结果是：好行为得到了鼓励，坏行为却得不到抑制。惩罚的作用在于阻止坏的行为重现，只使用惩罚、不使用强化的结果是：坏行为得到了抑制，好行为却不会自动出现。因为好行为与坏行为的成长规律是：好行为不鼓励不会成长，坏行为不用鼓励也会自动产生，即所谓学坏容易学好难。所以，强化与惩罚应该交替使用，这样既能让坏事得到遏制，又能让好事得以发扬，调控效果更好。

4. 强化与惩罚应指向明确

强化与惩罚调控行为的方向应与具体的行为相联系，以明确被调控人的行为导向。

比如，

> 在古代闹饥荒的时候，政府希望百姓有粮食吃。如果有人捐出粮食，政府予以表扬，这样的调控方向是正确的；如果有人把家里存粮拿出来高价售卖，政府却严厉打压，控制粮价，这样做的结果是什么？这是对民众释放多余存粮的惩罚，会让有粮食的人把粮食囤积起来，导致没粮食的百姓继续挨饿，社会更加动荡。这样的强化、惩罚指向不明，民众行为就失去了方向。

5. 对理性程度较低者的调控应偏重强化与惩罚，对理性程度较高者的调控应偏重态度改造

理性程度较高者，主要是指年龄较大者、文化程度较高者或是社会阅历较

丰富者；理性程度较低者，主要是指年龄较小者、文化程度较低者或是社会阅历较单薄者。笔者多年的实践经验表明：对理性程度较高者的行为调控，应更多地依赖态度改造；对理性程度较低者的行为调控，应更多地依赖强化与惩罚。

比如，0—3岁的婴幼儿就是理性程度较低者，很多家长喜欢对他们摆事实讲道理，这几乎是徒劳的。因为婴幼儿的脑子里基本没有道理，别妄想通过态度改造来调控婴幼儿的行为，而是要通过强化与惩罚建立婴幼儿的是非观，也就是通俗意义上的道理。

6. 强化为主，惩罚为辅

强化应占调控行为的80%左右，惩罚应占20%左右，这是比较恰当的比例。既不可以只有强化没有惩罚，也不可以只有惩罚没有强化。所谓的纯粹的快乐教育，是个没有实证基础的伪命题，这样教育出的孩子一定是毛病多多、优点突出却喜欢胡作非为的。所谓的棍棒底下出孝子，也是一个没有实证基础的伪命题，纯粹的棍棒教育，只能教育出一个没有缺点、没有优点、没有创造力的平庸之人。

强化理论的错误使用举例

在实际生活中，存在很多对强化、惩罚理解的误区，导致对强化、惩罚手段的错误使用，举例如下。

错误一：朋友叫你外号，你很不高兴。

很多人都有被取外号的经历，取外号的心理动机是什么呢？取外号的潜意识动机是捉弄人，让你难受、生气、愤怒，从中获得智商上的优越感和满足感。一个成功的外号就是一叫这个外号，你就七窍生烟，怒气冲冲。你越生气，别人就越满足；你越痛苦，别人就越得意。也就是说，当别人叫你外号时，你生气或难受都是对别人的强化。当然，别人叫你外号，你答应，也是对叫外号的强化，你的外号就难以摆脱了。如果你希望别人停止叫外号，最好的办法就是对别人叫外号没反应，面无表情，一副无所谓的态度，别人叫几次就没劲了。

错误二：夫妻、恋人闹假自杀，你很紧张焦虑。

现代夫妻、恋人吵架闹假自杀是比较普遍的现象，特别是女性，喜欢用"我不活啦""死了算了"之类的言语相威胁。统计数据显示，绝大多数夫妻、恋人吵架闹自杀都是假的，说说而已，不会付诸行动。他/她闹自杀的潜意识动机是为了惩罚你，控制你，让你焦虑，让你难受。这里特别提醒，如果是抑郁症患者闹自杀，那有可能是真的，是需要引起注意的。

当你的老公或老婆哭着闹着要自杀时，你表现得惊慌失措，焦虑不安，这是对老公或老婆闹自杀的强化，说明闹自杀有用。他/她从你狼狈的表现中获得了前所未有的满足感和胜利感，极大地调动了他/她下次再闹自杀的积极性，闹自杀可能变成了家常便饭。次数多了，万一某次失手了，就闹出了真自杀，令人惋惜。

笔者有个研究生，年轻时非常帅气。由于父亲出轨导致父母离婚，他女朋友从小没有安全感，潜意识有创伤，对男人没有信心，经常闹假自杀，跳校中心的小湖，这小湖最深的地方也没有人高。如果真想自杀应该去跳大湖，或者跳高楼，所以，他女朋友跳湖是假自杀。他女朋友一跳湖，这研究生就慌了神，拼命地把女友拉出来，不停地赔礼道歉，随后三五天，必是好吃好喝地伺候，殷勤地陪伴，结果，他女友闹自杀成瘾，经常闹自杀。笔者叫这个学生改变方式：女友跳湖，立刻电话女友同寝室的同学，来把女友拉出来，男孩本人则悠然自得地拿出烟来抽，面带惬意的笑容，踱着方步，唱着欢快的小曲，慢悠悠地走开。果然，他女友以后不闹自杀了，因为闹也没用了！

错误三：希望老公多做家务，却在他洗衣服不干净时批评他。

不少女性是希望老公多做家务的，但老公洗了衣服，假如没有洗干净，多数女性是会批评老公的。从行为主义心理学角度分析，老公洗衣服却得到了惩罚。那么，老公下一次还洗衣服的概率就会下降。所以，假如女性希望老公多洗衣服，即使发现老公没洗干净，也要装作没看见，应该给予老公鼓励。比如，老公洗衣服的时候，老婆显得非常幸福的样子，或者去亲老公一下，都属于强化行为，口头明示表扬也是可以的，但暗示效果更好。

如果确实需要批评老公，请以一份批评配合五份表扬的比例实施，或者老公已经形成了稳定的洗衣服行为后，再进行批评。

再次强调：只要老公没有把衣服洗干净就批评他，是绝对错误的夫妻相处之道。

错误四：孩子成绩上升，兴高采烈地向父母报喜，父母批评他太骄傲。

有的孩子成绩上升了，显得特别兴高采烈，向父母报喜，不少父母应对方式错误，他们会批评孩子太骄傲自满了。从行为主义心理学的角度分析，这是成绩上升却得到了惩罚，孩子下次成绩上升的概率会下降，正确的做法是：父母也显得很高兴，并口头给予鼓励或者物质上给予奖励。

心理学研究表明，初中生与小学生潜意识的学习目的是让父母开心，那些所谓的学习对于个体前途的好处，他们是无法深刻理解的，即便孩子们嘴上说出一大套学习有什么好处，绝大部分也是鹦鹉学舌，他们潜意识的学习目的，主要就是为了让父母开心，尤其是小学生，这种现象特别明显。

根据项目主持人的过去经历，分析他受到的强化与惩罚行为，可以大致推断出项目主持人的未来行为模式，进而判断此人是否适合做项目主持人，仅看项目不看人是不对的。

曾经有一名985高校硕士毕业生来找笔者融资。该个项目的技术是不错的，市场是广阔的，竞争力是强的……这个项目主持人做过学生干部，年轻有干劲，但是笔者了解到，他的父母是做鸡毛菜批发生意的，他从小帮助父母做生意，历经生活的艰辛，笔者由此否决了这个项目。为什么呢？

因为这个年轻人长期参与鸡毛菜批发生意，据他说，小时候，每卖一斤鸡毛菜才赚一分钱，他家就是靠一分钱一分钱的积累，才在上海买了房子，供养他上了大学，也就是意味着他从鸡毛菜批发生意中得到了巨大的强化，容易形成稳定的人格特征：非常计较，注重小利。如果笔者投资他，失败概率是很大的，因为他很可能对下属抠门，舍不得发奖金，舍不得购买设备，舍不得投资。比如给下属发3 000元钱红包，在他潜意识深处，会不知不觉地把这3 000块钱变成"要卖30万斤鸡毛菜"，30万斤鸡毛菜会堆成山一样高，那红包还是不发了吧！所以他容易抠门，导致下属人心涣散，事业难以成功。

同样道理，你和做针线批发的人打交道也是很困难的，每一根针才赚0.1厘。有一次，有个针线批发商请笔者夫人吃饭，对方对夫人还是很尊重的，恭请夫人点海鲜。夫人也是懂心理学理论的，所以特意挑了一个最便宜的清蒸鲈鱼，价格为98元，结果，夫人发现对方痛苦得五官挪位，因为在对方眼里，98元的鲈鱼需要卖掉98万根针才能赚回来。后来，这个人找笔者融资做新的互联网项目，笔者坚决给予拒绝。

创业项目评估实例

画家创业

某著名画家，他的画在市场上价格甚高，其妻子的弟弟（也就是画家小舅子）在某房地产公司做总工程师。当时，房地产企业赚得盆满钵满，画家与小舅子共同商量，自己也开个小型房地产公司，在三线城市开个楼盘，画家做董事长，占股70%，小舅子做总经理，占股30%，画家出资1 000万元，小舅子出资150万元。运作一段时间，钱不够用了，由于画家人脉广泛，找到几个投资人，这几个投资人又找到笔者，劝笔者也参一股，金额是500万元，同时还希望笔者能指导对方管理，提高项目成功的概率。这几位投资人都是笔者的朋友，投资人认为画家认识的上层人物多，关系广泛，项目地段好，房型好，该三线城市购买力强……总之，这个项目有利之处颇多，劝笔者参与。画家及其小舅子以及投资人还弄了不少好吃的送给笔者，大家酒足饭饱气氛融洽之余，画家趁着酒劲，要求当笔者的徒弟，虽然年龄与笔者相当，但当场下跪拜师，也不管笔者是否愿意，就算拜师入门了，并且高歌一曲，歌声响彻云霄，窗外麻雀尽飞！

等大家酒醒了，我劝投资人朋友勿投此案，理由是：

画家惯于以虚换实，用几个纸片换钱，就能弄到1 000万元，根据行为主义强化理论，他尝到了以虚换实的巨大甜头，会得到巨大的强化，形成稳定的人格模式——喜欢以虚物换实利，而房地产公司会涉及大量公关环节，如果画家去做公关的话，会不知不觉地不肯花钱，或者花钱不到位，或者以虚换实，这样一来，项目是非常容易失败的。

几位投资人朋友半信半疑，有一半左右的人撤出了，还有一半的人不相信笔者的判断，仍坚持投资。投资者认为，这个画家能弄到1 000万元，说明他是很聪明的；而笔者认为，正是因为画家能出资1 000万元，说明他以虚换实得到了特别大的甜头，受到了巨人的强化，以虚换实的人格特征会特别稳定，很难改的，如果他出资300万元，那倒还有一点希望，因为他以虚换实得到的强化会小一点，还有一点改的可能。

6年以后，事情的发展完全证实了笔者的判断，这个项目成了烂尾楼，许多许可没有拿到，成了一个违法项目。其主要原因就是，董事长去公关时，不管对方需要不需要、喜欢不喜欢，经常当场挥毫做荷叶虾米图，几分钟一蹴而就，因为时间很短且同样的画数量越来越多，大家愈发认为不值钱，因此，公关也就没有任何效果了。

第6环

所觉常不对,所觉常不真

怎样才能提高决策的准确率呢?

答: 首先,你得正确认识"所觉常不对,所觉常不真"。

"决策准确率高、差错率低"是所有成功者必备的能力。要注意,此处所说的准确率高,并不是指决策全都正确,差错率为零,这是不可能做到的。那么,如何做到决策准确率高、差错率低呢?一般而言,个体作出一个正确的决策涉及以下四个要素:

(1)正确的动机;

(2)充分的信息;

(3)正确的思维方法;

(4)良好的决策流程。

个体正确的思维方法则又与以下三个内容有关:

(1)正确认识"所觉常不对,所觉常不真";

(2)逻辑思维能力;

(3)哲学方法论。

本环节探讨的是决策思维方法中的"所觉常不对,所觉常不真",这是影响决策准确率的关键点。

什么是"所觉常不对,所觉常不真"呢?即自己的感觉常常不是对的,自己的感觉常常不是真的。为什么会出现这种情况呢?因为人有很多心理误区,作决策时往往会受这些误区的影响。这涉及以下四个要点:

(1)个体要充分了解自己的心理处于何种状态,以及自己的人格类型是什么。

(2)个体要充分意识到自己的所知、所觉都是特殊心理状态的产物,和客观事实是有距离的。

(3)要用理性对原始的所知、所觉进行修正,向客观事实靠近,当然,人是永远不可能完全客观的,但可以无限接近客观。

(4)人获得理性的重要来源是学习心理学知识。

心理学认为,完全客观、理智的人是不可能存在的。人是有心理活动的,是有误区、有情绪的。因而,虽然每个人都认为自己是客观的,认为自己的所见、所闻、所感觉是真实的,但实际上,这种感觉有时候会是真实的,但经常是错的、假的。

要在正确认识"所觉常不对,所觉常不真"的基础上,减少其负面影响,首先要能够识别自己当前的状态。你是否处在特殊的心理状态?如青春期、更年期、老年期。你是否有特殊的早年经历?如极穷的经历、动荡经历、父母离婚的经历、被父母长时间高强度指责的经历。你是否受到了社会的错误暗示?如刚毕业就要年薪百万、女性要找完美老公。你是否有特殊的负面人格?如指责型人格、钻牛角尖型人格。你是否处在心理误区中?如黑箱效应、从众效应、首因效应等。你是否有心理疾病?如抑郁症、焦虑症、强迫症、恐惧症等。

在识别出自己的这些特殊状态后,需要用理性来对冲、修正你的原始感觉或原始判断,修正后的决策准确性才会上升。

读到这里,读者可能还是会感到非常疑惑、惊讶——我所感觉到的怎么会是错的、假的呢?

"所觉常不对,所觉常不真"的现象是极其普遍的,以下的举例只是这些现象中的小部分,远非全部,希望读者能举一反三,多多观察、反思、识别自己的状态,用理性对冲,提升决策准确率。

比如,

孩子在青春期的时候,常常会认为自己的父母错误很多、水平很差、问题很大,这种判断常常是假的、错的或放大的。为什么会出现这种情况呢?这是因为孩子在青春期的过程中,身高、力量、智力开始增长并接近成人,孩子的自我意识、独立意识开始增强,自信心开始高度膨胀,孩子不再希望父母把自己当小孩看待,他们觉得自己已经是成人,应该与父母拥有平等的地位,他们迫切需要向自己和父母证明这一点。为了显示和强调这种独立性、平等性,孩子会显得比往常更加叛逆。

这段时期孩子会真心地认为老师和父母都是错的,部分孩子开始批判教育制度,与老师、父母的关系变得更加冷淡,对抗增加,本来听话的孩子开始顶嘴,父母要求他们做的事情,他们偏偏不做。

处在这个阶段的孩子是真心认为老师和父母是错的、不对的,但客观情况并不是这样。这个时候作为个体就要意识到自己正处在叛逆期,会夸大父母、老师的错误,要用理性修正、对冲这种倾向,缩小这种错误的感觉。

再如,

刚毕业的大学生常常会觉得本工作单位很糟糕,实际上这种感觉也是假的,是错误的。

刚毕业的大学生对社会的了解和判断主要来自书本、媒体或他人的口耳相传,而一件事情能出现在媒体、书本上或能被广泛口耳相传,就说明这件事在现实生活中是不常见的,常见的事情是不能引起别人注意的,所谓"狗咬人不叫新闻,人咬狗才是新闻"。

例如,高薪的毕业生会引起在校同学的广泛注意,但年薪正常的毕业生显然不会引起注意。能被媒体着重报道的公司的福利、待遇、薪资多半是罕见的,大部分情况下是碰不到的。但当年轻人以这种标准去期待自己所在的公司时,当然会作出错误的判断,觉得薪水低、福利差、领导水平不高等。如果任由这种感觉泛滥,会造成刚毕业的年轻人对自己当前公司的判断严重失误,离职跳槽也就成了顺理成章的事。但若学习过本章的知识,他们就会知道这种感觉是错误的,用理性修正、缩小这种倾向后则更能接近客观事实。

再如,

相对而言，宠爱孩子的中年父母总会高估自己子女的智商、长相、能力等。

笔者曾碰到一位家长，她向我描述她女儿的长相，那简直是闭月羞花、沉鱼落雁，但当笔者见到她的女儿后，不免觉得现实与想象差距过大。

父母高估自己女儿的长相，觉得她很美的现象还是非常普遍的。因此，作为个体，就要意识到自己是父母，容易对女儿产生特殊的心理状态，要用理性修正原始感觉。

有些孩子因为智商问题导致成绩不好，但大多数父母会觉得孩子的智商是正常偏上的，是聪明的，成绩不好主要是孩子年龄太小了，学习不专心。但仔细想想就知道，成绩好的小孩也是同龄人，学习也不容易专心，别人的小孩为什么能够得到好成绩？真实情况更可能是：别人的小孩的智商就是比你孩子的智商要高，你应该根据自己儿女的真实智商来给他/她作出人生安排。

为什么父母会高估子女的智商、长相、德行呢？因为子女的基因来自父母，是父母生命的延续，人为了增加自己的价值感，当然要表扬子女，实际上表扬子女就是表扬自己。

高估子女的能力会带来很多麻烦，例如，儿子或女儿要结婚了，父母高估了子女的条件，觉得儿子能力出众，女儿貌若天仙，那要找到和儿子或女儿匹配的结婚对象就很困难了。

又如，

老年人退休后价值感会急剧降低，为了增加自己的价值感，老年人会变得特别爱吹牛。他们常常会说："想当年我……"这类回忆当年的壮举是周边人很难证伪的，这类话说得多了，慢慢地老年人自己也会真的相信发生了这些事儿。老年人也要知道自己有过度夸大过去成就的倾向，降低一些自夸的程度会更接近于客观。

另外，大多数老年人因年龄的增长体能会逐渐衰弱，在这一过程中，老年人的安全感会逐步降低，在这种状态下，老年人更容易放大风险，胆子会变得更小。到了老年仍然斗个不停的人是极少数的，大部分老年人胆子会变小。这里的胆子小是指和自己年轻时候相比，不是和别人比较。一些领导本身胆量就是远超社会平均的，即使年纪大了，胆子变小了，仍然比普通的年轻人胆子大。

因此，一些60岁以上仍然是总经理、董事长的领导要提醒自己：因为年龄因素，对风险的判断可能是错误的，要用理性来修正，自己是容易把风险放大的，实际上胆子可以再大一些。

又如，

在总经理、董事长等高管群体中，患抑郁症是很普遍的，抑郁症患者存在放大风险的特点，一件风险一般的事情，他会觉得风险很大，倾向于不去做。这也会影响到决策的准确率，一定要用理性来修正原始感觉。

怎样才能提高决策的准确率呢？高管要知道自己的心理状况，容易放大风险，所以，涉及需要对风险评估的问题时，要用理智缩小风险，这样，决策的准确性才会更高。

同时，重度抑郁症的患者脑子里会不可抑制地冒出一个观念：自杀很"美好"，自杀很"幸福"。他会觉得自杀是解决人生难题的一种很好的途径，自杀后就可以摆脱所有的烦恼了。这种念头会在他的脑子里不可控地、不断地冒出来。这时候个体一定要用理性修正原始感觉，告诉自己"自杀很美好"是错误的。当然，抑郁症的患者还是需要接受心理和药物调整的。

还如，

如果你是指责型人格，你的潜意识会对别人的缺点特别敏感，会真心觉得指责别人是对别人好的一种表现。拥有指责型人格的人群会对亲友、同事，从各种周边人难以理解的角度对他们进行潮水般的批评和指责，这种指责会导致亲友的情绪长期负面，亲朋好友患心身疾病的概率会远超社会平均水平。他们不仅会给周边人带来痛苦，自己也容易罹患失眠、抑郁症、焦虑症、高血压、糖尿病、皮肤病、癌症等心身疾病。潮水般的指责，会导致拥有指责型人格的人群与周边人的关系变差，进而个体的运气也会很差，因此，其在生活和工作中常常会觉得困难重重。

拥有指责型人格的人群还容易情绪性地而非理性地反社会。对社会不满的人，可以粗略地分为两类：一类是理性地、理论化地、系统化地知道社会的缺点，也能在理论上提出社会改造的方向；另一类则是情绪化地、非理性地对社会不满，是指责的泛化。拥有指责型人格的人群会觉得老公或老婆有很多毛病，觉得孩子有很多毛病，觉得领导有很多毛病，进一步泛化地觉得社会也有很多毛病。这批人即使真的生活在他们嘴上说的理想社会，还是会因为指责型人格而挑那个社会的毛病。

如果你发觉自己总是喜欢看到他人、社会的缺点，知道自己是指责型人格，就不能任由自己的本能控制自己，不要把焦点聚焦在别人和社会的缺点上，而是要有意识地用理性进行对冲。每次控制不住地注意到别人的缺点的时候，就要提醒自己，我一定是把这种缺点放大了，我要把它缩小，要多关注到他们的优点。

类似地，钻牛角尖型人格的人也要知道自己会将注意力集中在概率极小的事件，且注意力不容易转移，喜欢批评别人，喜欢抬杠，这是一种特殊的指责型人格，同样会让自己和周边的人痛苦无比。当钻牛角尖型人格者盯着某人的优点时，会觉得这人好得不得了；当盯着某人的缺点时，会觉得这人坏得不得了，或者在作决策的时候觉得某个方案全是优点或全是缺点的时候都要提醒自己，应全面、整体地看问题，全面地观察优点和缺点，这样对方案的看法才能更加客观,决策才能更准确。

另外,如果个体的父母是指责型人格,个体就要意识到自己是很容易模仿父母的这种指责性,还要知道因为自己小时候被指责得过多,自我价值感很可能是低的。当你当了领导之后,你对"马屁"的需求会特别地高。你会真心地觉得拍马屁的下属人品很好,能力也强。但外人一看就知道这人是个马屁精,而这种马屁精常常是当你的面说好话,背后说你的坏话,能力也通常一般。你将这类人提拔起来委以重任,企业会更容易崩溃。因此,如果你自我价值感低,感觉有些人说好话会让你觉得很舒服,就要提醒自己这个人很可能就是马屁精,要用理性修正原始感觉,你要对他的忠诚程度、能力水平打个折,这样才能更接近客观和真实。

又如,

早年有过极穷经历的人,长大后会对钱有异乎寻常的渴望。所有人对钱都是喜欢的,但是早年极穷的人的潜意识里会有个贫穷的大坑,会为了钱做一些极端冒险的事情。而青少年时期是形成潜意识的高峰,这种缺钱的潜意识形成后,即使长大后有钱了,也很难改变。

我们常常会看到,一些早年有极穷经历的老总已经很成功、很有钱了,赚更多的钱对他的生活的改善作用非常小了,但他们还是会冒着坐牢的风险去赚钱。某些贪官贪污的钱的数额会非常夸张,他们会冒着被杀头的风险去贪污几个亿、几十个亿甚至上百亿,而实际上,一个人是花不了这么多钱的。发生这种离奇现象的原因,很可能是这些老总、贪官小时候极穷,潜意识里认为钱极其重要,他们对不断获得更多的钱有不可控的渴望。

实际上,早年极穷并不是他们的过错,他们的过错在于:没有意识到他们早年极穷的经历带来的对金钱的过度追求是错误的。因此,有极穷经历的人要用理智告诉自己,用理性修正原始判断,要正确认识赚钱的风险。

再如，

> 黑箱效应是指在你对情况不了解、信息不充分的时候，容易想到坏事。
>
> 假定你的女儿应该晚上7点钟回家。有一天你发现过了7点，人也没回来，手机也打不通。你大概率会先往坏的方面想：会不会迷路了？是不是被人贩子骗走了？是不是出车祸了？是不是被老师关禁闭了？是不是被同学欺负了？……
>
> 很少会有人往好的方面想：她没按时回来可能是成绩太好得了奖学金正在请同学吃饭，或者老师在请她吃饭呢……
>
> 面对这种情况，要清楚自己的担心很大程度上是因为黑箱效应，要用理性修正原始感觉，要有意识地不去过多担心。

面子观极强的人作决策的时候会更看重有没有面子，而不是能否获得更多的实际利益。为了追求面子放弃实际利益是很愚蠢的。面子实际上是不值钱的、无所谓的，面子观过强的人要注意用理性对冲和修正原始感觉，以防止因为面子损失大量的实际利益。

又如，

> 离婚带子女的一方容易把对前夫或前妻的不满投射到孩子身上。
>
> 这是为什么呢？单亲母亲或父亲带孩子，会从孩子身上看到那个"没良心"的家伙的影子。毕竟，孩子的基因有一半是前夫或前妻的，他（她）的长相会像前夫或前妻，某些特质也会像前夫或前妻。看到这个孩子，单亲母亲或父亲就可能气不打一处来，于是把所有对所谓"没良心"家伙的不满，全都发泄到孩子身上。因此，单亲父母要知道自己的心理特点，在想批评孩子的时候要区分是孩子犯了错误还是只想发泄自己对前

妻或前夫的不满。

又如，

  婆媳之间往往会互相看不惯，会因为一些鸡毛蒜皮的小事发生矛盾，如饭菜烧得好不好、钱花多了还是少了、小孩到底上哪个补习班之类的。其实，这些矛盾都是表象，即使丈夫尽力调解好了这些问题，别的问题也会很快地冒出来。
  这是因为婆媳矛盾的实质是争夺对这个儿子或丈夫的爱，这场争夺赛中婆媳是天然的敌人，婆婆和媳妇会相互看着不顺眼，互相找碴儿。因此，婆媳双方都要了解到这一心理状态，用理性修正自己的原始感觉，时刻提醒自己看不惯对方很可能是因为要争夺对儿子或丈夫的爱，并不是那些表面的东西。

又如，

  女性是很容易有求全思维的，希望这也得到那也得到，找老公的时候最好找年轻的、长得帅的、有钱的、工作不忙的。实际上这些要求都是矛盾的或很难实现的，有钱的往往不年轻，年轻的往往没什么钱。坚持求全思维的人，实际上是很难找到合适对象的。
  在婚姻市场中，多数女性会高估自己在婚姻市场上的地位，高估自己的条件、高估自己的长相，很多女性的烦恼是：永远在追求那些与自己不匹配的爱情。与女性相比，男性高估自己的程度是远低于女性的。
  因此，女性在寻找伴侣的时候要知道自己容易出现求全思维，容易高估自己在婚姻市场上的地位，要用理性对冲和降低对自己的评估，减少求全思维，这样才有可能找到与自己大致匹配的伴侣。

举了这么多例子,读者可能会逐渐同意"所觉常不对,所觉常不真"的观点。不了解心理学的人,经常意识不到这一点。试想,如果每个人看待世界都是对的,是客观的,每个人看到的结果就应该是相似的,甚至完全一样的,世界上就不会有那么多的分歧、争执、对抗,甚至战争了。从心理学的角度看,纯粹客观看问题的人是不存在的,同样一件事情,不同的人看见后,会根据自己的心理状态、动机、视角、过去的经历而产生不同的看法,这些因素都会导致人看问题是不客观的,每个人都会看到不同的结果,有时候看到的是真的,有时候看到的是假的,有时候是正确的,有时候是错误的。

要想提高决策的准确率,减少甚至避免"所觉常不对,所觉常不真"的误区,就需要自己用理性去纠偏。那么,这种对自己的认识的理性来自哪里呢?一种是来自自己的实践,去不断地试错、总结,这需要个体有很强的自我察觉能力和总结能力。比如,你当了父母,孩子到了青春期,孩子对你说:"你的思想怎么这么落伍!"你才会突然想到,原来自己小时候也是这个样子,这时候再后悔年轻时的荒唐已经晚了。像这种前人已经总结好普遍规律的事情,用实践经历去试错,成本是很大的。另一种获得这种理性的方法是学习,即学习前人已经总结好的规律,这种方法的成本是比较低的,也是笔者所提倡的。

在此,笔者再次提醒一下:

> 我们在寻找投资项目或选择创业项目时,一定要注意自己的心理状态,用理性去修正原始感觉,这是十分重要的!

投资或创业项目选择常见的心理误区

误区一:选择项目的本质原因是投资少而不是项目需求强度高。

投资或创业项目之所以失败率很高,是因为很多投资者或者创业者没有深刻地理解"所觉常不对,所觉常不真",这体现在:之所以选择该项目,本质原因是投资少,而不是因为这个项目需求强劲、整体质量高。投资者的第一目的是防止亏损大,导致选择项目时,看见投资少的项目,就在潜意识的指挥下,不知不觉地放大这个项目的优点,缩小其缺点,导致决策失败率急剧上升。

"投资或创业的第一目的是赚钱多",对于这句话,几乎每个投资者都是赞同的,但人不是电脑,人是会经常"所觉常不对,所觉常不真"的,人是会有心理误区的,人经常会把创业或投资的第一目的不知不觉、潜移默化、鬼使神差、认真、虔诚地更换成"亏钱少"。

当人的人生目标是"赚钱多"并拼命追求时,他赚钱多的概率在上升;

当人的人生目标是"亏钱少"并拼命追求时,他人生最大的可能结局就是"亏钱少"。

再次温馨提醒读者,"亏钱少"和"赚钱多"是两回事,"亏钱少"不等于"赚钱多"。

同样道理,许多人潜意识深处认为创业的首要追求是不亏本,那么,他人生的结局很可能就是不亏本,不过,是发不了财的。

投资者或者创业者潜意识的首要追求是"亏钱少"和"不亏本",并不是因为他们想随便玩玩,反而绝大多数都是真诚的,但是,他们是不自知的。

误区二:用从众心理去选择投资或创业项目。

所谓从众心理,就是模仿多数人的观点、行为、情绪,成为自己的观点、行为、情绪。

人之所以有从众心理,是因为潜意识认为模仿多数人是安全的。当相关情况和多数人是一样时,模仿多数人的行为确实是安全的;当相关情况和多数人不一样时,模仿多数人的行为就是错误的。

比如,

> 社会流行学金融,儿子数学很差,对金融也没兴趣,强迫儿子去学金融

就是错误的。

社会流行炒股票,已经到了扫地阿姨都在谈论股票的地步,离股票崩盘就不远了,这时候去炒股票就是错误的。

社会流行创业,但如果个体抗挫能力和创新能力特别差,个体创业就是错误的。

社会流行让女儿学钢琴,但如果女儿毫无音乐天分,逼迫女儿去学钢琴就是错误的。

社会流行补课,儿子成绩不好不是因为不努力,而是因为注意力涣散症,给儿子多补课,就是牛头不对马嘴,是错误的。

社会流行初高中出国留学,但如果你孩子的心理素质一般,也跟风去出国留学,就是错误的,很容易搞成抑郁症、焦虑症。

社会流行尽量走关系进一个好的中学,你孩子进好中学结果在全校倒数第一,其学习的情绪体验非常差,大大降低了学习的积极性,本来可以考一本的,也会变成二本三本!

……

从众心理是一个严重的决策误区,这是在选择创业项目或者投资项目时需要防止的。

比如,

马云的阿里巴巴成功,导致无数人跟进去建设购物平台,结果失败率高得惊人!

江南春做楼宇广告成功,导致无数人跟进去广告领域创业,结果失败率高得惊人!

新闻上经常看到网红餐馆排队几千号,导致无数人跟进去开餐馆,结果失败率高得惊人!

健身馆雨后春笋般地冒了出来,导致无数人跟进去开健身馆,结果失败率高得惊人!

……

总之,很多人出于从众心理选择项目,本质是为了获取内心的安全感,而不是为了赚钱多,许多人潜意识认为,跟着众人走总是比较安全的,准确率比较高。在这种情况下,投资或创业者会不知不觉地夸大从众项目的优点,缩小其缺点,大大提高决策的失败率。

投资和创业项目的首要目的是"赚钱多"还是"让自己内心感到安全",这是完全不同的两件事。

误区三:投资创业者以自己的心理感受为出发点,推测消费者的需求,选择投资创业项目。

很多投资创业者误以为人与人都是差不多的,信奉"人同此心""以己度人""换位思考"等,实际上,稍有心理学知识的人都知道,人与人的差异是巨大的,人与人需求的差异也是巨大的,萝卜青菜,各有所爱。

笔者温馨地提醒读者:己之所欲,很可能是他人讨厌的;己所不欲,很可能恰恰是他人喜欢的。比如张三特别讨厌吃冬笋,李四很喜欢吃;王二特别喜欢吃辣椒,麻子特别讨厌吃辣椒;甲特别喜欢管人、做领导,丙特别讨厌管理工作,觉得管人特别烦;父母特别希望孩子学金融,而金融需要大量数学知识,孩子特别讨厌数学,觉得学习金融是活受罪;赵五喜欢看人优点,陈六的注意力集中在他人的缺点……

> 投资创业选择项目时,切忌有这样的思维定式:我的感觉是……
> 投资创业者应该了解的是:目标市场的消费者的感觉是……

要了解目标市场，需要一整套的技术，需要另外写文章甚至书来阐述。总之，投资创业者选择项目时，一定要想一想：目标消费者跟我是同一类型的人吗？性别相同吗？年龄相同吗？文化程度类似吗？收入水平类似吗？地域文化类似吗？种族或宗教信仰类似吗？成长经历类似吗？人格类型类似吗？

以自己的感觉去揣摩消费者的感觉是一件相当危险的事。

误区四：因为没事干急于寻找价值感而创业。

笔者观察到一个现象：假定一个人失业了，他去创业，在这种情况下，此创业项目失败的概率异常高，这是为什么呢？

因为处于失业状态的人，急于寻找事情干，以弥补价值感不足，这个时候，就容易不知不觉地放大创业项目的优点，缩小创业项目的缺点，仓促上马，导致决策失误率特别高，进而导致创业项目失败。

笔者认为没事干时去创业也是可以的，但是一定要深刻地认识到"所觉常不对，所觉常不真"，用理性去纠正这种心理偏差，深刻意识到自己处于特殊的心理状态，容易放大创业项目的优点，缩小创业项目的缺点，要强烈暗示自己提高理性，要刻意纠正心理偏差，提高决策的准确率，这样去创业也是可以的。

误区五：不考虑与创业合伙人是否"情投意合"。

项目主持人没有意识到与创业合伙人相处的时间要比夫妻相处的时间更长，因此必须比找老公或老婆更认真，必须比找老公或老婆更加强调情投意合。

合伙创业是一件很艰难的事，每天工作16小时非常常见，项目合伙人相处的时间长度、交流的深度、互相支持的密度都比夫妻高，所以，找项目合伙人一定要找情投意合的，否则，事业很难成功。当然，组成优质的合伙创业团队也是一件非常困难的事。

许多创业者希望从人才市场上招聘到奇才，然后合股入伙。虽然这是有可能的，但成功的概率非常低，因为招聘方式就决定了你们初步的关系模式具有很强的"资本VS劳动"式的对立性,而由于首因效应的影响,即第一次心理感觉具有很强的顽固性,首次建立的人际关系模式很难改变,这种对立的关系模式是非常不适合做创业合伙人的。

组建创业团队要非常注意成员间是否情投意合,因为这是要长期相处的,可能比与老公或老婆相处的时间长!

市场调研常见的误区

市场调研是指为了提高对市场需求判断的准确性、提升产品开发的成功率、提升销售决策质量等问题,运用科学的方法有目的地收集、统计资料,并形成调研结果的过程。

市场调研常用的方法主要有定量研究和定性研究两种:

(1) 定量研究是指将问题与现象用数学的方式来表示,常用的方法是调研问卷法、观察员观察法、电话访问法、用户日记法等。

(2) 定性研究是指深入地研究被研究对象的具体特征和行为,以探讨这些行为特征产生的原因。其主要方法有深度访谈、实地调研、文献研究、焦点小组讨论等。

市场调研可以帮助决策者更加准确地判断市场需求,可以帮助决策者减少战略性失误的概率,因此,虽然市场调研常需要花费大量资金、精力,但相较于产品开发中战略性的错误,市场调研的成本常常是小的,妥善运用好市场调研,可以提高产品开发的成功率。一些大型跨国公司、上市企业对市场调研是非常重视的,这类公司会将调研运用在决策的各个环节,如新产品概念、渠道调研、外包装设计、广告效果测试、顾客行为研究等。

一些中小企业的企业主则会否认或忽视市场调研的重要性,他们认为自己的经验足以开发出成功率高的产品,大量小企业创业者都深信自己的创业产品击中了市场的需求,一旦推出一定会大卖、畅销,然而,初创企业的死亡率奇高。

有数据显示，初创企业5年内的存活率低于3%，造成这种失败的重要原因就是创业者把握不准需求，且过度重视自己的感觉，认为市场调研可有可无，而创业者受到选择性信息吸收的影响，迫切地希望自己的项目成功，因此，容易屏蔽产品不好的声音，放大产品成功的声音，导致决策严重失误。市场调研是一种相对客观的方式，相较于一般创业者的感觉，它的准确率要高出很多。好的市场调研可以提高新产品、新渠道开发的成功率，但并不意味着做了市场调研就一定成功。

有的创业者或高管知道开发产品需要收集市场调研的资料，但他们为了图方便，很多资料是二手的，如从网上搜集资料、从某些所谓的专业机构买现成的通用报告等。实际上，每家企业、每个产品都有自己的特殊性，这类二手的、通用的资料往往无法照顾到这种特殊性。例如，网上找的20年前的调研结果和现在的结果多半是不一样的，上海地区的调研结果和其他地区的调研结果往往是不一样的。看这种资料不仅结果不准确，而且常会误导决策者。

自己做市场调研无疑是最好的方式，但那些自己组织人员进行市场调研的创业者、高管也常常会犯很多的错误。如果不避免这类错误，调研的结果常常会漏洞百出，离真实的结果相去甚远。依据这种结论去开发新产品、拓展新渠道，其失败率同样会急剧上升。以下是一些常见的市场调研过程中会出现的误区。

误区一：被调查群体没有代表性，或过于偏态、不全面。

市场调查最重要的原则是所调研的对象要具有代表性，比如某人生产的产品是挖掘机械，他去调研普通人群就是没有意义的，这一条看起来非常基础，但也常容易犯错。

在历史上，某著名汽车品牌的新任董事长准备开发一款汽车，他希望这款汽车是那个时代最好的，他认为只有工程师才明白最好的汽车是什么样子的，因而他招募了约800位工程师，收集整理他们的意见，重金打造了几乎所有工程师都认为近乎完美的汽车。看到这款汽车时这位董事长很满意，信心满满地将该款汽车推向市场,他预计第一年就能销售20万辆。结果却是该车一推出就遭遇惨败,第一年只售出64 000辆,后两年销量更加惨淡,3年后该车彻底失败,最终停产。

为什么这些专业工程师都认可的最好汽车却卖不动呢?因为参与调研的工程师的喜好和普通消费者的喜好是有巨大不同的。这款车工程师喜欢的是最强劲的发动机、复杂精密且先进的操作系统和彰显个性的独特外形,但这些特质普通人是难以接受的,这些先进的、复杂的设备使得这款车的售价非常昂贵;对大多数人来说,他们不需要最强劲的发动机,那些复杂的精密操作系统、仪表盘对普通人来说操作难度太高,让他们觉得自己就像是在开飞机一样无从下手,独特的外形更是让大众觉得难以接受,甚至有人形容它的外饰像个马桶圈。

显然,这家著名的汽车公司就犯了错误,这款车的主要购买者是普通人而非工程师群体,以对工程师群体的调查结果设计汽车,必然会失败。

调研群体不全面也会造成结果偏差。

上海某宠物食品企业决定开发一款狗粮,为了让这款狗粮能最大限度地符合市场需求,他们做了大量的市场调查,他们调查了所有可能购买该类产品的狗主人的喜好,包括狗主人可接受的价格、狗主人喜欢的包装、狗每餐的食量、狗主人喜欢的产品规格、最营养的材料配比等。他们根据调查结果,推出了最完美的狗粮产品。

产品推出的第一周大卖特卖,狗主人对这款产品非常中意,然而,这样的辉煌仅仅持续了一周,第二周之后这款狗粮就卖不动了,销售渠道都不愿意再卖这款产品,最后该产品被迫下架。

该公司高管百思不得其解,请来十多位购买该产品的客户询问原因,他们给出的答案是一致的——买回去以后狗非常不喜欢吃。

在这个调研案例中,企业全面调研了购买者(狗主人)的喜好,但没有调研最终使用者(狗)的喜好,因而大败。

这类购买者和最终使用者不同的产品还有很多,比如,家长给孩子购买的非一次性产品、子女给老人购买的某些非一次性产品等。在这些产品的调研中，就不仅要调研购买者的喜好，而且要调研实际使用者的体验。

再如，某企业生产的产品是向全国销售的，市场调研的时候为了图方便，他们仅调研了上海市场的情况，显然，上海的人群特性和全国人群是有区别的，因而产品失败了。

因此，准确寻找、定位消费人群是非常重要的。

误区二：在亲朋好友中做市场调研。

在自己的亲朋好友中做市场调研是调研人群偏爱的一种形式，由于这种事情在小微创业者中太过常见，因此单列出来说明。

有些小企业主或创业者也知道不做市场调研是不行的，但做一个合格的市场调研会花费不少的资金和精力。很多创业者为了图方便，就在自己的亲朋好友间做调研，去问自己的七大姑八大姨、自己的老师和同学这个产品是否可行。但这种方式获取的结果错误率是极高的。

因为亲朋会有让创业者开心、鼓励创业等心态，他们会不知不觉地受到暗示，把产品的优点放大、缺点缩小，夸大自己对产品的需求强度，导致调研结果出现严重偏差。

误区三：市场调研送礼物价值过高，导致结果往让你高兴的方向发展。

市场调研过程中常常需要赠送给参与调研者礼品，否则，对方多半是不愿意参加调研的。很多调研者知道不送礼不行，但很多人会忽略如果送的礼物价值过高，也会导致调研结果出现偏差。当你给被调研者的礼物价值过高的时候，被调研者的潜意识会因为不好意思而讨好你，会有意无意地选择那些让你高兴的选项，也就是民间常说的"吃人的嘴软，拿人的手短"，这也会使得调研结果出现偏差。

因此，礼物的价值要设置在对方觉得有兴趣填写而不至于太大的区间，这个区间是没有统一答案的,会因各个群体、地区的不同有很大差异。

误区四:全新产品的市场调研大多数是无用的。

顾客对他们一无所知的产品或服务是没有办法作评价的,这类产品是无法做市场前景调查的。

例如,在马车时代,你可以调查消费者喜欢哪种类型的马,但调查普通人对汽车的喜好就是无效的;在带键盘的功能手机时代,可以调查大家喜欢哪种手机键盘,但调研大家喜欢哪种触屏手机就是没有意义的;2021年的当下,如果调查顾客喜欢哪种类型的电影,是会有结果的,但如果调研的是催眠调整失恋情绪的市场前景,就是没有意义的,因为现在这个时代,普通大众对催眠调整失恋没有任何相关知识,甚至还会搞错催眠的概念,会把催眠理解成让人睡觉,或者催眠能够控制别人,而不是潜意识沟通,因此,这样的调研就是没有任何意义的。

误区五:没有充分意识到调查对象在回答是否购买新产品时,数据常常是夸大的。

一个记者问农民:"如果现在国家困难了,你有100亩地,你愿意捐50亩给国家吗?"

农民回答:"国难当头,愿意的!"

记者又问:"如果你有100万元,你愿意捐50万元给国家吗?"

农民回答:"也是愿意的!"

记者再问:"如果你有两头牛,你愿意捐给国家一头吗?"

农民回答:"那不愿意的!"

记者疑惑了:"你愿意捐50亩地、50万元给国家,为什么连一头牛都不愿意捐呢?"

农民很尴尬地说:"因为我真的有两头牛。"

尽管这是个故事,但它是有一定代表性的,在现实的调研中也会发生类似的情况。当调研用户是否愿意购买你开发的新产品时,假使调查的结果是28%的人愿意购买,决策者不能真的认为会有28%的人愿意购买产品。

因为在调查时,被调研者会维护自己的面子,在社会暗示中,愿意买产品是有钱、大方等优良品质的表现,却没有自己掏钱的压力,因此,在调查中很多明明不会买的人也会选择"会买"的选项。

因此,"是否愿意购买产品"这一选项的结果是需要打折的,根据笔者的经验,调研的原始数据至少除以10才可使用,各个地区的除数会有不同,如上海需要至少除以30,北方喜欢讲面子的地方除数则更大。

误区六:没有充分意识到调查问卷题目的位置要平等化。

问卷调查是一种常用的调研形式,问卷设计本身有很多注意事项,但问卷选项的位置需要变动常常被忽略。

比如,某人准备从A、B、C、D、E五种候选产品中选择一个进行开发,为此,他选择用问卷调查来看看目标客户对哪种产品感兴趣。

他的问卷这么设计:

请你对A、B、C、D、E五种产品感兴趣的程度做评价,并在相应的选项里打"√":

	非常感兴趣	比较感兴趣	没感觉	不感兴趣	非常不感兴趣
A产品					
B产品					
C产品					
D产品					
E产品					

他将这个问卷复制5 000份,开始调查。

这样的问卷是一定会有误差的,为什么呢?因为这个问卷的选项分布有问题,人会受到事物出现的先后顺序的影响,首先出现的事物给人的印象最为深刻,因此,所有问卷中都将A产品放在第一位,会让A产品被选中得更多。正确的做法应该是将每个产品分别放在第一位,并做循环分布。也就是说一共5 000份问卷中,顺序为A、B、C、D、E的印1 000份,顺序为E、A、B、C、D的印1 000份,顺序为D、E、A、B、C的印1 000份,顺序为C、D、E、A、B的印1 000份,顺序为B、C、D、E、A的印1 000份。这样才能避免此类误差。类似地,如果你有100道题目,也需要平等化地将不同题目循环设置。

创业项目评估实例

为何厨师长创业失败率高

心理学告诉我们,个体总是在不知不觉地维护自己的价值感,力图提高自己的价值感,这种过程有时候是意识化的,但多数是非意识化的。

有一位厨师长要创业,他有干劲,有激情,有梦想,有经验,有技术,有团队,而且项目模式设计得很好,但他找上门来时笔者却断然拒绝,为什么呢?

因为笔者了解到,这位厨师长小学、中学时的学习成绩都很不好,初中和高中六年又遇到了一位有指责型人格的班主任,长年累月被骂得狗血淋头,碰巧运气很差,其母亲也是指责型人格,也是大剂量、长时间、高强度地批评这位厨师长。

所以,这位厨师长的人格特征是:表面自信,内心特别自卑,他主要的价值来源是他做厨师长的经历,也就是说,他的主要价值来源是他炒菜特别好!

如果这位厨师长创业,他在自己知道的意识层面,会真心实意地寻找炒菜好的人才;在潜意识层面,会去找水平比自己差的人,否则,就会威胁他的价值感,因为炒菜好是该创业者最主要的价值来源;同时,由于青少年时代广受批评,内心特别自卑,于是,对寻求价值感有着异乎寻常的渴望,所以,这位厨师长大概率下面是庸才云集,炒菜水平只能比他差,不会比他好。

现实中，厨师长创业的失败率特别高，相反，不少著名的菜馆老板都不是厨师长出身。这是因为，在2021年的中国，厨师长多半出身于读书不好的人，青少年时代广受批评，内心是自卑的，他们的价值感主要建立在炒菜好上面，所以，创业做了老板，不容易找水平比自己高的厨师长，因为其主要价值感来源会受到威胁，他们多半喜欢找庸才，但也不会水平太差，炒菜水平只要比老板差就好了。

本案例的当事人更加特别，他青少年时代受到的否定尤其严重，上述现象就会表现得特别明显，创业失败的概率自然大。

后面的事情发展证实了笔者的判断。

第 7 环

杰出项目领导者的二元心理特质

怎样才能准确地考察项目的领导者是否合格呢?

答:把矛盾的东西有机地统一于一体是成功领导者的典型特征。

考察创业项目或投资项目时,必须考察项目的领导者是否合格,只看项目不看人是完全错误的。

长期以来,笔者边教书边管理企业,并且咨询、整顿过不少企业。笔者还长期教授总裁班和EMBA班,这些学生很多都是白手起家的企业家,笔者也接触了不少政府官员,这就使我有机会深入观察与了解成功的创业者和项目成功者的个人特质,从中发现了许多有趣的规律。笔者发现成功的项目领导者身上都充满了矛盾的特性,把矛盾有机地统一于一体是成功领导者的典型特征。

激情与冷静并重

成功的创业项目主持人都是激情与冷静并重的人。项目主持人必须有激情、狂热甚至疯狂,否则,就会动力不足,进而难以克服前进道路上的巨大困难。但是光有激情是不行的,一直激情,情绪就会入侵决策,造成决策失误率升高,因此,项目主持人也要善于冷静、理性地思考,提高决策准确率。激情与冷静并重,是成功项目主持人的重要特征。

高抗挫折能力与敏感性并重

高抗挫折能力就是遇到挫折时情绪波动的幅度相对小,敏感性(对内外部环境变化的感知程度)高。毫无疑问,这两者都是很重要的。

在现实生活中,许多人很敏感,一遇到问题和麻烦,就会心潮澎湃,情绪波动幅度过大,进而影响决策,造成决策准确性下降,即抗挫力太差;也有许多人遇到麻烦时,情绪非常稳定,他根本不知道麻烦即将来临,误以为天下太平,万事大吉,事业容易遭受挫折。优秀的创业人才,既要非常敏感,又要有高抗挫力。

经营企业难免会遇到许多困难,成功的创业者都有一个打不垮的神经系统,他们对压力的敏感程度要比常人小得多。这样的人易于成功,主要原因是其在高度压力下能保持理智,决策准确性高。

对变化的敏感性也是很重要的,敏感性差的人很难发现机会与危机,自然也不能把企业做大。对变化敏感性强的人常常对压力的敏感性也强,常常情不自禁地心潮澎湃、热血沸腾,要保持情绪平稳很困难。

曾经有一位成功的创业总经理陪笔者吃饭,那时正是他非常困难的时候,吃饭时他接了一通电话,随后又谈笑自若地聊天。之后,笔者才知道电话里有人告诉他由于资金周转不灵,债主到法院起诉,公司很可能因此破产。

笔者还认识一位企业年利润很高的老总,即便有再大的压力,只要15分钟就能入睡。所以,他能管理好大的企业。

成功的创业和项目领导者都是这种高抗挫力与敏感性并重的人。

高行动力与思维严密并行

高行动力是指做事情立刻行动的倾向比较高,思维严密是指考虑到事物的方方面面,同时又能够分清楚主要与次要,抓住问题的关键。

根据笔者的观察,高行动力是管理者成功极其重要的因素,但许多行动力高的人是不假思索的人,这样的人也无法成功。

也有许多人思维严密,但他脑子运转速度太慢,思维所费的时间太长,或者患得患失严重,犹豫性非常高,行动力差,这样也难以成功。

成功的领导者都是脑子运转速度极快,在很短的时间就考虑到问题的方方面面,而且能够成功地分清主次,立刻付诸行动,这样事业才能够成功。

直觉与逻辑分析能力并重

直觉就是凭感觉进行决策,当涉及决策的因素太多时,就凭直觉决策。

逻辑分析能力就是依靠逻辑推理决策,当涉及决策的因素有限时,就依靠分析决策。

直觉与逻辑分析能力似乎是矛盾的。一般而言,直觉强的人,逻辑分析能力就差;逻辑能力强的人,直觉就差。直觉与逻辑能力拥有其中一项就会小有成就,同时具备两种素质的人少之又少。在管理决策时,首先要求有极强的分析问题的能力,尽量依靠数据、因果关系、推理等逻辑分析来决策。

例如,在销售渠道决策时,应分析中间商的作用、成熟度、当地劳动力成本、市场大小、应收账款风险、技术支持程度等,这些都需要逻辑分析。

又如,作一个民用产品决策时(如冷饮),更多靠直觉。联邦快递的创始人还是学生时就提出了这个创业构想,却遭到老师的否定,但他凭直觉知道这是可行的。马云也有类似的经历。

当然,一味靠直觉是不行的,否则,企业战略与产品开发可能是对的,但管理常常是糟的,会消耗许多应得的利润。

一味靠逻辑也是不行的,重大的决策涉及因素太多,很难依靠逻辑分析取胜。直觉不行的人只能经营小企业。

因此,成功的创业人士是直觉与逻辑并重。

当决策因素有限时,就用逻辑方法进行决策;当决策因素太多时,就用直觉决策。

大胆与细心并重

方向上要大胆,细节上要小心。

成功的创业和项目领导者都有大胆与细心并重的特性,他们在抓机遇时都表现出大智大勇,但在实施决策的过程中又显得十分细心,对每一个环节都抓得很认真。例如,他们常常能一眼就看出合同中个别的错别字,一听汇报就能发现几个小漏洞。

最糟糕的领导者是:决策因循守旧,迈不开步子,抓不住机遇,患得患失;执行时却非常粗心,显得十分大胆,这样即使有好的决策也容易失败,失败了还分不清是由于决策失误还是执行有误。这种行为特征就是普通人的行为特征,而非杰出领导者的行为特征。

创新与总结能力并重

企业必须创新,我们可以举出不计其数的例子说明企业成功是由于创新。

所谓的总结能力,就是指发现规律的能力,规律必然是对思维的某种限制,善于总结的人常常创新能力不强,而创新能力强的人常是发散性思维,其总结规律的能力不强。能够把这两种素质有机地结合在一起是非常困难的,所以,成功的企业领导者总是少数。

宽容与严格并行

对下属做事结果要严格,做事方式要宽容。

宽容是一种心理素质,主要是对差异的接受,对差异的接受包括对错误的接受。有的领导不能容忍思维方式和活动方式与自己不一样的人,这就是所谓气量狭小。领导的目的是做成事而不是为了自己看得顺眼,所谓"水至清则无鱼,人至察则无徒"就是这个意思。另外,培养一个干部总是要允许他犯错误的,不允许下属犯错误就无法培养出有力的干部队伍。

严格的含义是对行事结果严格,而不是对行事方式严格。一个下属过了培养期后,就应对其奖罚分明、严格管理。

比如,有个下属非常能干,但他是个同性恋,领导表面忍着不说,内心横竖看不惯,这个领导就没有做到宽容与严格并行,他聚集人才的能力就有限,事业做大的可能性就会降低。

又如,有个中层干部心地非常善良,资助了8个贫困山区的孩子,也非常善于为别人着想,大家与他相处如沐春风,虽然他业绩不怎么样,仍被提拔为副总,这就是典型的对事情的结果宽容,对做事方式严格,这样的企业领导也很难成功。

所以,成功的项目领导人既宽容又严格,把这两者恰如其分地结合在一起是不容易的。

我们在评估投资项目时,一定要看看管理这个项目的主要领导者的人格特质是怎么样的。笔者甚至认为,看项目时,看人比看项目的商业可行性更加重要。我们已经指出了看项目领导者的人格特质的维度,那么,如何看出某人是否符合上述人格特质呢?这就需要具备大量的专业心理测量和心理分析技术。最起码要学习笔者学术体系中的其他书本或者课程,如复旦大学出版社出版的《中国化人才心理测评》和《管理领域房树人图画心理分析》之类,俗话说知人知面不知心,看人的功夫是一项绝难掌握的技术,是要花大功夫才行的。

中式头脑风暴会创新能力测试

创新的定义在学术界是有争议的。心理学界普遍认为,创新是指根据一定目的,运用一切已知信息,生产出某种新颖、独特、有社会或个人价值的成果的智力产品。上述的产品不仅可以包含新技术、新发明、新工艺、新作品这类有形的、物质的成果,还可以是新概念、新思想、新理论等无形的、思想性的成果。

创新是个体独有的一种特殊能力,不同人的创新能力差异很大,这种能力不仅对个人的职业成功有重要意义,更可以推动企业和社会的发展。

创新对人类发展的作用是极其重大的，轮子和犁的发明推动了农业革命；冶炼金属技术的发明提高了农业生产的效率和军事力量；纸的发明促进了文化的传播和延续；瓦特发明的蒸汽机拉开了工业革命的序幕，人类的生产效率巨幅提升；交流电的发明标志电气时代的到来；计算机、互联网的发明让人类进入了信息时代，生产效率再次巨幅提升；电报、电话、轮船、汽车等都是创新的产物。

因此，现代大多数优秀的企业、组织都对创新非常重视，他们急切地渴求着优秀的创新人才。但高质量的创新性人才的数量是稀少的，如何识别创新性人才更是难题，各企业、组织迫切需要一些实用的方法以帮助他们在招聘中识别真正具有创新、创造能力的人才。

识别创新人才的传统方法是了解应聘者以往的创新成果。这样的方法是有效的，但此方法也有它的局限性，比如某些创新人才过去受环境制约没办法形成有成果的创新，或某些潜在的创新人才刚刚毕业，还未展现出创新品质，没有创新成果，这些潜在的人才是无法通过已有成果来判断其创新能力的。

还有的公司希望通过面试的形式，以面试官的个人经验来判断应聘者的创新能力，但这种方法的主观性极大、可标准化程度极低，严重受到面试官自身的经验、知识的限制，加之很多面试官缺乏心理学知识和技巧，识别创新人才的误差极大，往往对同一个面试者，不同的面试官可能会作出截然相反的评价。显然，这样的高误差、低标准化的方式是不能大规模推广应用的。

那么，有较低成本、较高标准化程度的识别创新人才的方法吗？在鞠门学术体系中，中式头脑风暴会是较低成本、较高标准化地有效鉴别创新性人才的方法之一。

这里首先介绍一下鞠门学术体系的中式头脑风暴会。

头脑风暴会最早来自美国，设计者希望参会人员通过会议互动的方式自由联想、激发热情、激发竞争、互相启发，以产生各种新观念、新创意，对会议议题给出各种角度、大量的解决方案，会议追求形成方案量要大，以数量求质量，在大量方案中寻找相对质量较高的解决方案。

为了形成大量方案，需要激发思维，为防止思维收缩，在会议过程中是严禁批评、打断他人的，哪怕某人提出的方案完全不可实现，非常荒诞、可笑也不可以批评，这种批评不仅仅指口头上的明示性的反对，还包括怀疑的神色、动作、表情等暗示性行为。头脑风暴会对原创性是没有要求的，即你可以提出一个完全新的想法，也可以对别人的想法进行修改后当作自己的方案提出。头脑风暴会提倡方案的数量越多越好，在大数量的方案中，高质量方案出现的可能性也会更高。

西式头脑风暴会有以下四个要点：

（1）鼓励创新，不怕奇怪，不怕独特。

（2）禁止批评，假如你认为他人的方案不好，你可以改正后以自己的名义提出新方案。

（3）鼓励合并他人想法，鼓励联想，以自己的名义提出。

（4）以数量求质量，数量多了自然有好方案。

头脑风暴会在西方被广泛推广、使用，在新产品开发、促销方案设计、产品命名等环节都获得了很好的效果。然而，该方法在中国推广的结果并不理想，虽然也有一定的效果，但相比西方，在中国使用该方法更为困难，效果相差巨大。

笔者对中西头脑风暴应用的差异进行了研究，发现在中国，头脑风暴会中参与发言的人数和每个人给出方案的数量都远低于西方。在中国人组织的西式头脑风暴会上，当被要求提出原创性方案时，大多数人是沉默的，或低头垂眉，或左右顾盼，或小动作不断，无人愿意首先发言。而且每当别人发言后，多数人想的并不是赞扬或者在他的基础上扩展、发散新方案，在多数情况下，除了一贯的沉默外，更多的人还是会明示或者暗示地批评提出的方案，即使在会前反复提醒禁止批评也是如此。这种现象让头脑风暴会的效率极低，不能起到提出大量方案的作用，也就无法做到以数量求质量。

笔者对头脑风暴会中方参会者的心理进行深层分析后发现，中国那些不同于西方的传统文化和国民性格造成了这一现象。

中国人的性格总体是偏内向、不张扬的,在开会的过程中是不喜欢发言的。中国还有种"狙击手文化",众人不仅不愿意表现自己,不愿意自己先发言,而且喜欢在别人做事或发言后挑别人的毛病、漏洞,通过对别人的打击让自己更有优越感、显示自己水平高,俗语中的"枪打出头鸟""木秀于林风必摧之"正是这种心态的体现。因为有这种文化,那些本来有想法、有主意的人也会因为害怕自己被批评而不愿意发言了。因此,要想让头脑风暴会的效果好,重点就是要减弱甚至消除这种会收缩思维的批评行为。

针对这种情况,笔者对头脑风暴会进行了改进,改进的核心是设置了喝彩员和纪律检察官。喝彩员的任务是当有人提出任何方案后,带头大声喝彩、鼓掌,营造放松的氛围,并带动大家一起喝彩、鼓掌。纪律检察官的任务是监督参会者,一旦他们出现了明示或暗示性的批评,检察官必须对那个人制止和警告。设置这两个职位可以有效地促进发言,遏制会议中的批评现象,更大限度地解放参会者的思想。除设置这两个职位外,企业还可以根据自己的情况使用一些别的技巧,开会场地可在放松的场所,如草坪、咖啡厅、游戏室等,而不是选在会议室这类比较严肃、会收缩思维的场所;会上可准备小零食、饮料等,甚至可以在会前喝一些啤酒(不能喝太多)来活跃思维等。

中式头脑风暴会的要点如下:

(1)鼓励创新,不怕奇怪,不怕独特。

(2)禁止批评,如果你认为他人的方案不好,你可以改正后以自己的名义提出新方案。

(3)鼓励合并他人的想法,鼓励联想,以自己的名义提出。

(4)以数量求质量,数量多了自然有好方案。

(5)设立喝彩员,带领大家喝彩,任何方案一出,众人齐声喊"好!好!好!",众人同时鼓掌。

(6)设立纪律检察官,禁止他人批评,包括暗示式批评,如冷笑、表面赞扬实际嘲讽、不屑一顾的表情或其他否定性的肢体语言。

在实践应用中，我们发现鞠门学术体系的中式头脑风暴会在国内可以显著提高方案的数量、质量，可以达到西式头脑风暴会在西方应用时的效果。头脑风暴的过程中会着重考验参会者的创新能力，因此，中式头脑风暴会可以很容易把那些创新能力强的应聘者筛选出来。

在招聘环节，招聘官可组织8—12位应聘者参与会议，人数太少或太多都不合适，人数太少，会导致应聘者紧张，思维难以相互激发；人数太多，也会造成紧张，减弱效果。招聘者事先拟定一个可考验创新能力的题目，让应聘者提出自己的方案、想法，如给新产品、新公司命名，或者指定一个物品，让大家尽可能多地说出它的用途等。

在应聘者讨论的过程中，由1—2位评判官对每个人的方案的质量和数量评分，相似的创新方案不计分，方案的质量和数量明显大于平均数的应聘者的创新能力相对较强。

在选择投资项目时，不能只考虑一项，必须考虑项目组织者的个人特质，极高的创新性是必须具备的特质。有这项特质不一定能够成功，如果没有这项特质，其创业项目大概率会失败。

抗挫折能力游戏测试

抗挫能力高是指个体遇到困难、挫折、失败的时候，个体情绪波动的幅度比较小，能够拥有相对稳定的情绪，并以积极面对与积极行动的精神状态去应对环境压力。

一些特殊的职业如创业者、总经理、董事长、销售系统领导、销售人员、政治家、前沿的学术领军者等人在职业生涯中，经常会遇到大量冷落、拒绝、嘲讽、挖苦、怀疑、打击、失败，每一次这样的外部挫折都可能导致个体对自己的评价降低、自信心下降以至于意志消沉等。一个抗挫能力弱的人或普通的人面对这样大强度、大数量的挫折，即使口头不否定自己，内心深处很容易进入自我否定、自我怀疑的状态，以至于不能坚持创业、销售、领导和奋斗。

强大的抗挫折能力是创业者、总经理、董事长、政治家、前沿的学术领军者等人员成功的必要而非充分条件。

比如，在创业者中，失败几乎是必然要经历的，即使是那些著名的企业家在创业成功之前也是如此，他们同样经历过大量失败。阿里巴巴创始人马云创业成功前失败两次；今日头条创始人张一鸣5次创业失败4次；美团创始人王兴同样是5次创业4次大败；李嘉诚早年经营塑料生意时，曾因快速扩张，导致产品质量控制不力，货物大量被退回，负债累累几有灭顶之灾；肯德基创始人桑德斯上校为实验鸡肉配方失败超千次……

翻阅这些人的履历，你就可以看到他们在创业之外也展现出了超强的抗挫能力；另外，许多创业者都有过做销售的经历。为什么绝大多数创业者都有销售经历呢？这是因为销售工作可以锻炼和检验个体的抗挫能力。销售人员也是经常遭受冷落、拒绝、嘲讽、挖苦、怀疑、打击、失败的群体，见到数十、上百个客户而无法成交一单是常有的事情。因而高抗挫能力几乎是创业者和销售人员必备的素质。笔者曾经调查过3 000名销售人员，数据显示，销售员业绩表现与其抗挫能力之间的相关系数达到0.87，说明抗挫能力与销售人员的业绩表现相关度是非常大的。

怎样才能识别创业者或者项目主持人的抗挫能力呢？常用的方法就是面谈，在面谈中跟着自己的感觉、经验走，但这样的方式误差是极大的。

笔者在这里介绍三种游戏，其客观性和准确性要远大于普通人面谈的准确性，可测试、观察参与者的抗挫能力，以帮助投资者或企业对创业者和项目主持人的抗挫能力做初步判断。

1. "张牙舞爪"游戏

"张牙舞爪"游戏较为简单，其流程如下：游戏开始后，主持人让参与者上台面对众人,主持人发出指令后,参与者需要做出张牙舞爪的"吓人"动作,直到主持人下令停止。主持人不能说测试的真实目的是抗挫能力与测试核心指标,这个游戏的核心观察指标是参与者的双手与心脏的距离,在张牙舞爪的过程中,双手距离心脏越远,说明该参与者的抗挫能力高的可能性越大。也就是说,手在胸部附近张牙舞爪的人的抗挫能力要小于手臂半曲离胸口远的人,后者的抗挫能力又小于双臂完全伸展双手离胸口很远的人。

为什么是这样呢?笔者根据销售额与被试者双手离心脏距离的大量数据,计算相关系数,发现相关系数是正的,而且比较大,具体的论证过程在此省略了,读者只要知道结果就可以了。

这项测试不是100%的准确。心理测量是概率统计学,是指可能性比较大,而不是100%,但它比感觉、谈话要准确多了。

2."过马路"游戏

"过马路"游戏的流程较为复杂,其核心可简单归纳为:参与者必须轮流且以不重复的方式通过一条虚拟的"马路",随着游戏的进行,常规的过"马路"方法会被穷尽,迫使参与者选择古怪或者尴尬的动作过"马路";测试官表面宣布以团队总分定输赢,但这是假的,实际上,在游戏过程中主持人观察参与者的表现,其中,能够多次主动做出非常规动作或者令人尴尬动作过"马路"的人的抗挫能力较强。但真实的观察标准不能宣布。

游戏的具体过程如下:

主持人将参与者分为两组,站在两侧,并宣布两组人中间的空间为一条虚拟的"马路"。两组参与者需要轮流说出一种过"马路"的方式,并做出相应的动作通过"马路",而后回到自己的小组,且说的这种动作必须是可以实现的。例如,参与者可以说"我要跳过'马路'或跑过'马路'",那他就必须在过"马路"的过程中跑动或跳跃;如果参与者说"我要飘过'马路'",显然这种方式他无法做到,因此是无效的。

当一个小组的参与者做完动作后,另一小组的参与者必须在规定时间内说出另一种过"马路"的方式,并以这种方式通过"马路",而且这种方式必须是游戏中没出现过的,重复的或极其相似的动作是无效的。

如果在规定的时间内,一组参与者没有说出新的过"马路"的方式并做出相应动作,另一组参与者即获胜,游戏也就结束。

这里再次强调以下六个注意事项:

(1)游戏中每组参与者说出一种过"马路"的方式,就必须要真的做出相应的动作,否则就要被判不及格。如参与者说"我要飞过'马路'",就必须要真的飞过"马路",而不能只做个如挥手拍打翅膀般的虚拟动作就表示飞。

(2)游戏中参与者所想的动作不能与之前重复,或者口头上说法改变但实质没变,如之前的参与者已经跳过"马路",这时候参与者再说"我要跃过'马路'"就是无效的,因为实际上跳和跃是一样的动作。但对一些可能相似的动作,如之前出现了两个人手挽手过"马路"的方式,后面的参与者又要三个人手挽手过"马路",面对这种情况,主持人一般应遵循先松后紧的思路,也就是在游戏刚刚开始的时候,对这些与之前动作类似的动作可以适当允许,以帮助参与者开阔思路,营造游戏氛围,但当游戏进行一段时间后,可制止这些类似的动作,以迫使参与者去想一些古怪的或令人尴尬的动作。

(3)要为每组参与者设定时间,一般由主持人数10个数来确定,1、2、3、4……9、10。如在一组参与者做完动作裁判数到"10"后,另一组仍旧没有想到新的动作,这组就被判为输。这里要注意,数数不要用如钟表、手机秒表等仪器,而要主持人自己数,以便于主持人通过读数来自行控制反应时间的长短。比如在游戏刚刚开始的时候,双方参与者还没有进入状态,当出现卡壳而没有及时想出新的过"马路"的方法时,主持人可以适当故意放慢读秒速度,因为我们的目的是要看应聘者在多轮过"马路"后做出一些怪异、尴尬的动作,以判断参与者的抗挫特质,如果游戏过早结束,这一目的显然是无法达成的。

通常情况下,游戏刚开始的阶段难度是比较低的,参与者可以很轻松地想出那些比较常规的动作。但游戏进行一段时间后，常规的动作一个个地被用过，已经用过的动作无法使用，就会迫使剩余的参与者做出那些相对古怪或者让人尴尬的动作，如脱下鞋子过"马路"、爬着过"马路"、滚着过"马路"，有的男性甚至会脱掉上衣光着上身过"马路"等。但到了这个阶段，参与者也常常会因为思路不够开阔而想不出新的过"马路"的方法，为了让游戏多进行几轮，主持人可以在赛前提醒大家一些非常规动作。如主持人赛前可以说："朋友们，随着游戏的进行，你们平常想到的常规的过'马路'方法会越来越少。要想赢得游戏，需要开阔思路，比如可以倒着爬过去、滚着过去，可以……"

（4）当个体做出的动作被测试官判定为重复，个体就要回到原组，测试官重新开始数数：1、2、3、4……9、10。如果在10个数之内，该组无人做出新的过"马路"动作，则该组输，但请注意：如果个体的抗挫能力没有显现，测试官还不知道谁的抗挫能力强，测试官就要故意慢一点数数，判定重复的标准放宽一点，让游戏能够进行下去，直到个体特征充分体现。

（5）当被试者分成两组时，并不要求每组的每个成员轮流过"马路"，而是采用主动抢过"马路"的方式，该组任何成员想到了新的、可以当场演示的、并非虚拟模仿的过"马路"方法，就高喊一声，并且真的付诸行动，那些老也不过"马路"的成员就是抗挫能力低的人。

（6）被试者中任何个体表演过"马路"后，要回到原组，可以重复表演新的过"马路"方式。

在游戏的过程中，当参与者做出一些非常规的动作时，常常会遭到别人的哄笑，此时，他们的内心也会是极其矛盾的，但也正是主持人观察、判断参与者抗挫能力的好时机。笔者的调查显示，如果参与者能够多次主动完成工作，则说明他有比较强的抗挫能力，而那些在哄笑中不敢做出动作的人，显然就不具备强抗挫能力，应当被淘汰。

测试官表面宣称的计分方法是要看两组竞赛人员的总分数定输赢，但这是虚的。实际上"过马路"游戏各小组之间的胜负并不重要，但这一点不能告诉被试者,主持人最应当关注的是参与者在游戏过程中的表现,挑选出那些多次主动做出古怪、尴尬动作的参与者。设置成比赛的形式,更多地是为了营造出竞争的氛围。此游戏除了能观察参与者的抗挫能力外,还能观察出参与者的创新能力和主动性。

3. "你胡说" 演讲

把被试人群分成两组进行演讲比赛,每组围成半月形,每个人都要到对立组去发表演讲,题目是"我是最优秀的人才",对立组要对演讲者指着鼻子痛骂:"你胡说! 你胡说! 你胡说!",并且对演讲者进行全方位的人身攻击,但不可以有肢体接触。

经常见到的状况如下:

演讲者:"我是最优秀的人才!"

对立者:"你胡说!"

演讲者:"我身高一米八七!"

对立者:"你多吃粮食、多费布!"

……

公开宣布的计分方法是:看谁面对攻击能够把演讲进行到底,并且团体计分分输赢。实际上这个计分方法是假的,真正的计分方法是看谁演讲时说话的速度慢,面对攻击时能够慢慢说话的,抗挫能力高。但这个计分标准不能宣布,同时要注意,团队的输赢并不重要,但这一点不能公开宣布,关键是看个人表现。

以上三种游戏就是可以识别抗挫能力强弱的方法。

笔者为什么要教三种测试方法呢? 这就犹如测试英文水平,出题多比出题少的测试更加准确。

其实,在鞠门学术体系中,抗挫能力还有更加准确的测试方法,如房树人图画心理分析、文字心理分析、量表心理分析、肢体语言心理分析。如想进一步提高识别人的水平,可参阅笔者的其他学术专著。当然,学术专著公布的科研成果是有限的,比如房树人图画心理分析,笔者掌握了超过300个维度,但限于篇幅,书中只公布了50个维度。如读者想继续提高识人的水准,就只能找机缘跟随笔者学习了。

项目主持人诚信程度初步判断

无论是创业找合伙人,还是对某家公司进行投资,诚信程度都是一个极其重要的考察指标。比如,创业者或投资者会担心:合伙人偷走我的技术另起炉灶怎么办?被投资人卷款跑路怎么办?被投资人赚了钱但是做假账不分我钱怎么办?这些事情一旦发生,会给当事人引来无穷的麻烦。此外,诚信的缺失也会使得整个社会的运转效率下降,成本增加。现代社会专业化分工明确,每个人或者企业只生产自己擅长的东西,然后通过贸易进行交换。比如生产汽车,一定是有专门的企业生产轮胎、专门的企业生产发动机、专门的企业生产车灯、专门的企业生产车架等数百个零部件,最后组装到一起。只要有一家公司不诚信,签了合同未履行条款,就有可能因为缺少零部件而无法生产出成品汽车。因此,诚信的缺失,对个人、对企业、对国家乃至对全社会都有巨大的危害。下面介绍如何通过谈话判断出一个人的诚信程度。

判断一个人的诚信程度须从以下七个维度考虑。

1. 身边人群的诚信状况

一个人身边人群的诚信状况很好,其诚信程度高的可能性大;一个人身边人群骗子较多,其本人不诚信的可能性也大。一个人身处的诚信环境对该人的诚信程度有很大的影响。如果我们关注新闻报道,就会发现在破获的网络诈骗案件中,大多呈聚集性的特征。比如,曾震惊一时的徐玉玉被诈骗案,徐玉玉被骗子骗走上大学的学费九千余元,后导致其心脏骤停离世。调查发现,该诈骗团伙涉案人员共6人,其中3人来自某一个县,2人来自此县的隔壁县,还有一人从小在该地区长大。而后进一步的调查令人大吃一惊,徐玉玉案牵扯出来的人员只是冰山一角,该县还存在大量的人员以诈骗为生,全县一天能发出百万条诈骗短信,也被媒体冠以"电信诈骗第一村(县)"的称号。除此之外,我们耳熟能详的"我是你领导""航班取消""假冒黑社会"等诈骗都呈现聚集化特征,往往是一村的人都在干同一件诈骗活动。当然,在现实生活中,这样极端的情况比较少,但我们还是可以通过一个人身边人群的诚信状况来考察其诚信程度。比如,如果一个人能感受到身边大多数人对自己是真诚的,他自己诚信程度高的可能性大。再如,一个人朦胧地感觉到,自己在跟朋友打牌或者打麻将时,做小动作的人特别多,该人诚信程度低的概率大。还有的人认为,自己之所以活得不顺利,是因为太善良,因此上的当要比别人多一些,这类人诚信程度低的概率大。还有的人觉得周围的人几乎都是凭借假文凭、假简历以及自我吹嘘而找到一份较好的工作,而自己因为真诚所以找到的工作一般,这类人诚信程度低的概率也较大。

投资者和项目主持人谈话时,要多了解他的成长经历以及亲密人群的诚信状况,假如某人从小到大经常被骗,虽然不能说他一定成为骗子,但骗人的概率是上升的,但不能据此就断定对方是骗子,所以,可以以了解对方成长过程中的困难为话题,引导出对方受骗上当的情况。

2. 对社会奖罚机制的看法

如果个体认为在社会中诚信者才能得到好处,才能在社会上立足,则该人诚信程度偏高的可能性大;如果个体认为在社会中诚信无法得到好处,反而要倒霉,则该人诚信程度偏低的可能性大。此处对社会奖罚机制的看法源于一个重要的心理学理论——强化理论。强化理论认为,当个体出现某种行为时,个体得到了好处或免除了厌恶的东西,则个体的这种行为趋向重复;当个体出现某种行为时,个体得到了坏处或免除了喜欢的东西,则个体的这种行为趋向抑制。

每个个体都希望能够尽可能多地得到好处，避免坏处，因此，当一个人认为诚信能够得到好处时，他将尽可能多地表现出诚信行为以争取好处；当一个人认为诚信能够得到坏处、不诚信能得到好处时，他将尽可能多地表现出欺骗行为以争取好处。比如，一个人认为只有诚信经营才能提高客户的满意度，拥有更多的回头客，最终实现利润增长；或认为只有真诚地对待下属，不在下属的工资上搞花样，才能聚拢人才；或认为只有诚信才能跟社会上更多的人交朋友，拓展人脉，则该人诚信程度偏高的概率大。如果一个人认为现实中老实人总是吃亏，为了不吃亏必须要花样；或认为社会上有许多不法分子都能逍遥法外，利用非法手段赚钱却逃过法律的制裁；或认为社会上多数人上位不是靠能力，而是靠溜须拍马，则该人诚信程度偏低的概率大。当然，也不能仅仅依据本条就断定对方是骗子。

3. 对社会主流行为是否诚信的看法

如果个体认为社会大多数人都是诚信的，则受从众心理的影响，本人诚信偏高的概率大；如果个体认为社会大多数人都是不诚信的，则受从众心理的影响，本人诚信偏低的概率大。这里涉及一个心理学概念叫从众心理。对于从众心理，我们在前文详细讲过，大量统计数字表明，中国人的从众心理倾向特别强，如果发现周围多数人的诚信程度低，自己也会趋向跟周围保持一致。比如，有的人认为，中国目前的食品安全问题颇多，大问题如地沟油、三聚氰胺、瘦肉精、染色馒头等，小问题如各种食品添加剂、卫生不达标、夸大宣传等，甚至连宠物粮都有问题，只买进口食品，并且坚定地认为国人的脾胃功能比外国人要强，这些信息广为流传对于提高国人整体的诚信程度是不利的。还有的人坚定地认为"人无横财不富，马无夜草不肥"，周围大多数人运用正当手段是发不了财的，那些发财的都是用了非法手段的，则该人诚信程度低的可能性也偏高。还有的人认为，世界上绝大多数人之所以会有情谊、道德、忠义等情感链接，完全是因为利益或者金钱，当利益或金钱不存在时，一切都将化为乌有，则该人的诚信程度也大概率偏低。同样道理,我们不能仅仅依据这条就断定对方诚信低,只是诚信概率低,这和诚信低是两个结论。

4. 人性观

人性观是指对人性的看法。如果个体相信性善论,认为人性本身是善的,仁义道德等品质是天生固有的,为恶是由于后天环境影响和主观不努力造成的,则本人诚信偏高的概率大;如果个体相信性恶论,认为人性本身是恶的,只有通过后天不断的道德教育,人才能做出合乎仁义道德的事情,则本人诚信偏低的概率大。还有人认为人性是二元的,既有利己性,又有利他性,那么他诚信偏低的概率不大不小,比如,二元论者认为,现代社会中每个人的行为都受到法律的制约,如果失去法律的制约,有的人认为社会虽然会变得更乱,但是由于人天性道德的制约,社会依然可以极低水平勉强地运行;有的人则认为一旦失去法律的制约,每个人都会干损人利己的事情,整个社会将崩溃。从概率来看,前者自身诚信偏高的概率大,后者自身诚信偏低的概率大。还有的人认为,人天生就有自私的基因,自私的基因无法通过后天的学习而改变;有的人则认为存在利他的基因,人天生是会为别人考虑的,那些骗子是环境等原因导致其基因的功能被抑制了。在这类人中,前者自身诚信偏低的概率大,后者自身诚信偏高的概率大。

当然,在对人性观进行测试的时候要注意,并不要求对方是专门研究人性的专家,而是要对人性总体作出一个朦胧的、直觉性的判断。如果对方可以拿出精确的统计数字或者一套自圆其说的理论,则无法从这一点上看出其诚信程度。

5. 对声誉的重视程度

个体对声誉的重视程度越高,其在违背诺言时的内疚感就越强烈,其诚信高的概率就越大;个体对声誉的重视程度越低,其在违背诺言时的内疚感就越弱,其诚信低的概率就越大。比如,有的人认为,声誉、名声这些虚的东西不需要重视,认为这些东西并不跟自身利益挂钩,只要能赚钱,哪怕声名狼藉也无所谓,这类人诚信程度低的概率大。有的人对客户满意度非常重视,哪怕卖给客户的产品没有任何问题,但客户无理取闹要求退款,他也会尽量满足客户的要求,久而久之,让自己的好名声传开,这类人诚信程度高的概率大。有的人非常重视对员工或者客户的承诺,心理学有一个规律,人承诺给别人的钱容易忘记,因此,他把每一笔承诺都记下来,到年底一一核实是否已经兑现,如发现没有兑现的情况,立即兑现,该人诚信程度高的概率大。有的人对网上的负面评价非常敏感,一旦发现网上有对本公司的负面评价,就严查是哪个环节出了问题,并督促落实改正,这样的人诚信程度高的概率大;有的人毫不在意互联网上的评价,认为在一个巨大的网络中,有负面评价很正常,对公司经营的影响可以忽略不计,这样的人诚信程度偏低的概率就大。

6. 父母的诚信程度

一个人的父母的诚信程度越高,其自身诚信程度高的概率越大;一个人的父母的诚信程度越低,其自身诚信程度低的概率越大。本维度源于心理学家萨提亚的行为模板理论。该理论认为,孩子对外界的行为模式主要是模仿父母形成的,其中,同性别模仿率约为70%,异性别模仿率约为20%,剩下的约10%来自社会。根据行为模板理论,男孩子的行为模式有70%的概率主要模仿自父亲,有20%的概率主要模仿自母亲;女孩则正好相反,她的行为模式有70%的概率主要模仿自母亲,有20%的概率主要模仿自父亲。因此,如果一个男孩的父亲的诚信程度是偏低的,比如经常在孩子、老婆面前撒谎,或经常不兑现对孩子的承诺,该男孩子诚信程度低的概率大;如果一个男孩子的父亲的诚信程度是偏高的,在孩子很小的时候也不忽悠孩子,该男孩子诚信程度高的概率大。如果是女孩,母亲诚信程度偏高,孩子有比较大的概率诚信程度也偏高;母亲诚信程度偏低,孩子有比较大的概率诚信程度也偏低。

7. 最亲密人的诚信状况

个体的最亲密人是指最主要的性伴侣,如妻子、丈夫、男朋友、女朋友等。由于他们的关系过于亲密,互相间的潜意识影响大,有不知不觉的潜意识深度沟通,从心理学的角度分析,这些人的诚信状况会通过潜意识沟通影响个体的潜意识,进而影响这些人的诚信状况。笔者就发现很多贪官是被老婆或出轨女朋友拖下水的。

以上便是我们判断一个人诚信程度需要重点考察的七个维度。但仅有这七个维度还不足以准确判断一个人诚信程度的高低,想要了解一个人的诚信状况,在谈话时还需要特别注意技巧。在讲技巧之前,我们先来讲一个心理学概念——社会赞许性。社会赞许性是指每个人的行为都趋向社会一般人所希望、期待和接受的。因此,有些问题如果直截了当地问,是无法判断一个人的诚信程度的。比如,问对方:"你会偷偷挪用公司的公款吗?"对方一定会回答:"不会的。"因为整个社会暗示挪用公款的行为是不对的。再如,问对方:"你答应别人的事会兑现承诺吗?"对方一定会回答:"会的。"或者:"绝大多数情况下都会的,除非有极少数特殊情况。"这是因为我们从小受到的教育就是要说话算话,说话不算话被认为是不道德的、不好的,没有人会回答"不会兑现承诺"。类似的情况还有很多,比如,"你会贪污吗?""你会靠溜须拍马上位而不是靠能力吗?""你会使用假文凭来应聘吗?"这些问题的答案社会上都有既定标准,是很难直接问出某个人内心的真实想法的。

我们该如何尽可能准确地问出一个人内心的真实想法呢?笔者再来简要介绍一个心理学概念——投射。投射的学术定义为:个体把自己的情绪、认知、行为转移到其他对象上。用通俗的语言来解释(通俗的语言比较好理解但是精准度低),投射就是以己度人。以己度人倾向高,称之为投射倾向高;以己度人倾向低,称之为投射倾向低。投射现象在生活中无处不在。

有一则关于苏东坡的故事。苏东坡与大和尚佛印是好友,有一次苏东坡打坐，两人聊天，佛印说："我看你像一尊佛。"苏东坡说："我看你像一团屎！"苏东坡自认为占了便宜，得意扬扬，佛印却没有反驳，笑而不语。回家后，苏东坡与妹妹聊到此事，妹妹就跟哥哥说："就你这个悟性还学佛呢！佛印心中有佛，所以他看你像一尊佛；而你心里污秽之物太多了，所以你看他像一团屎。"这就是一个投射的典型例子。

根据投射理论，当一个人诚信程度低时，他会认为周围的人诚信程度也低；当一个人诚信程度高时，他会认为周围的人诚信程度也高，因此，我们可以通过询问一个人对周边人群或者社会主流的看法来间接得知其诚信程度。比如，可以问这样的问题："你认为社会上有多少比例的人非常认可'马无夜草不肥，人无横财不富'？"如果他的回答是："那起码80%！但是我自己还是非常清正廉洁的。"另外一人回答："那起码10%！但是我自己还是非常清正廉洁的。"在这两种情况下，个体的诚信概率是有差异的，前者诚信程度低的概率大。以此类推，前面举的一些例子可使用投射的方法来询问，比如："你认为现在的公司中挪用公款的比例高吗？""你认为现在社会中许诺空头支票的人多吗？""你周围朋友中使用假文凭应聘的情况如何？"利用投射原理，围绕上述七个维度，我们便可以自行设计出千变万化的题目，综合考察一个人的诚信程度。

笔者给出以上七个维度，是给出投资者考察的七个方向，仅从一个维度判断诚信是错误的，要以七个维度总体判断。比如某人生长在骗子文化横行的地域，就断定他是骗子，判断失误的概率是非常大的，但是某人生长在骗子之乡，又认为社会奖罚机制失效导致骗人不会受惩罚，又认为不仅老家骗子多，全国都一样，还认为人性本恶，又不重视声誉，而且父母也不诚信，不仅如此，他的老婆或者女朋友的诚信状况也很糟，请问你敢对他投资吗？这样的人虽然不能100%说他诚信糟，但至少有极大的概率其诚信状况令人担忧。

另外，出现下列特殊情况时，诚信高的概率偏大：

（1）有过长期教师经历的人诚信高的概率大。由于做老师需要教书育人，经常教人要诚信,说多了就会产生栽花效应,诚信观念慢慢就会深入他的潜意识,导致教师群体虽然也有骗子,但总体诚信状况远高于社会平均数。

(2)做政治思想工作的人诚信高的概率大。检察院的政治部工作者、军队的政工人员、学校的政工人员总体诚信高的概率大,原因也同上,是栽花效应导致诚信观念进入他们的潜意识。

(3)真正的而非假的宗教信仰者诚信高的概率大。因为真正的宗教信仰者认为不诚信会下地狱,或者来世会倒霉,所以,他们诚信高的概率大,但假的宗教信仰者诚信反而低。当然,虔诚的宗教信仰者当中也可能发生变化,变成大骗子,本书指的是总体状况而非个案。

最后,关于诚信程度的测试,笔者再强调以下几点:

第一,社会科学不像理工科那么精确,任何事情都会有例外,所以,诚信测试也不可能做到100%准确。通过谈话,我们只能大概估计出一个人的诚信程度是偏高还是偏低,无法特别精确。

第二,在谈话过程中,问题的量要尽可能多,因为只有样本量足够大,概率的规律才能体现。这就好比一场英语考试,如果一场考试只有一道选择题,是无法通过分数判断出一个人的英语水平的,因为他有可能实际英语水平很差,但恰巧蒙对了;也有可能实际英语水平很好,但恰巧碰到一道题不会做。但当考试有100道题的时候,英语成绩就能反映出一个人的英语水平了。通过谈话判断一个人的诚信程度也是如此,只有问题数量足够多,才能尽可能准确地反映出一个人的真实状况。

第三,投射测试要做到尽量准确,就要求人在回答问题的时候尽可能减少理性的思考,更多地说出自己朦胧的、直觉性的、不假思索的答案。如果回答者做过深入的研究,导致其回答是非常理性、客观的,则该题对该人的诚信程度判断就没有价值,应该换一个此人不擅长的领域进行提问。

第四,在谈话当中,放松的氛围是很重要的,因为放松可以减少意识的检阅作用,让潜意识充分起作用,越是庄重严肃,项目主持人越高度理智,面具越厚,假话越多，所以，喝点小酒、唱唱卡拉OK、和项目主持人外出旅游等都有助于摸清其真实状况。

实际上，笔者评估项目主持人的诚信程度，不仅会通过谈话，还会动用肢体语言心理学分析、房树人图画心理学分析、文字潜意识心理学分析、沙盘潜意识心理学分析、心理测量量表心理学分析等，这些内容至少写10本以上的学术专著才能初步说得清，而且要真正掌握这些，光看书还不够，需要大剂量的课堂学习和实践。

创业项目评估实例

对子女充满着爱的指责型父母难培养出人才

有一个创业项目，其项目主持人获得了美国某大学的博士学位，曾是中国某大学学生会的主要干部，项目是IT类，技术比较前沿。项目主持人与美国金融界有一定的联系，也就是说其融资能力和在西方上市的能力高于平均水平。由于朋友的关系，有一群人找笔者一起对他投资，朋友在技术方面比较熟悉，而笔者对技术不熟，共同投资有助于互补。

和项目主持人接触后，大家普遍对他看好，项目主持人充满激情，说服能力强，有领导能力，抗挫能力强，也非常创新，相貌中上，有领导风范，熟悉前沿技术，有金融背景，年龄三十多岁，除有胃病外，身体基本健康，精力比较旺盛，没有结婚，父母是老牌大学生，退休工资足够生活，身体也健康，故而也没有拖累，项目队伍已经形成，平均年龄偏年轻，平均学历高，虽然不太稳定，也算难能可贵，他们在一个民宅里办公，可见团队是能够吃苦的。

在接触中，笔者发现项目主持人有同性恋倾向，对于这一点，笔者毫不在意，其他投资人除少数人犹豫外，大多数人也都毫不在意。

在随后的接触过程中，笔者和他聊了他父母的情况，却发现了严重的问题。他父母对他充满了爱，在生活上对他照顾得无微不至，为了培养他不惜成本，但父母都是严重的指责型人格,潜意识焦点都在别人的缺点,父母关系严重不合,长期冲突不断。由于父母的观念非常传统,所以没有离婚,父母对他也是高度的批评教育,他从小是在大量的批评中长大的,他所获得的批评量远超社会平均数。幸亏他天生抗挫能力比较高,加上从小学习成绩很好,心理状态还未垮台,但得了典型的心身疾病——胃病。每两个星期左右发作一次,从小到处求医,收效甚微,因为此项目主持人与他父母并不知道,这是心理与生理的混合病,打针吃药的效果自然有限。

由于项目主持人从小在超量的批评声中长大,他的潜意识就产生了一个严重的问题:项目主持人表面自信,内心自卑,缺乏对自己的认可,那么,他对"马屁"的需求就会异乎寻常地高,以弥补潜意识的创伤,补偿小时候形成的潜意识表扬饥渴。而这个项目是一个高度需要创新精神的项目,需要不断创新,这就需要在组织内部保持大量不同的声音与意见,让各种观点互相激荡,不断地产生新的创意,但项目领导的潜意识却需要"马屁",很容易对不同的声音极其反感,因此,会不知不觉地在领导周围形成远高于社会正常水平的阿谀奉承的人群,创新水平肯定低,因此,这个项目失败的可能性非常大!

笔者断然退出了这个投资,后来这个创业项目失败,原因就是笔者预测的那样。当然,项目主持人对自己的心理状况是不自知的。

第 8 环

充分竞争性行业的三大营销战略

对于许多项目而言,营销是最令人头痛的,该怎么办才好呢?

答:选择最适合的营销战略。

营销战略概述

本环节对在充分竞争性行业选择投资和创业项目有重大的指导意义。因为营销的成败一定程度上决定了项目的成败。如果投资和创业项目没有处在充分竞争性行业,可以不考虑本环节内容。

所谓充分竞争性行业的三大营销战略,指的是低成本营销战略、差异化营销战略和细分化营销战略。如果投资和创业项目处在充分竞争的行业,就要判定该项目在营销战略上是否属于上述三种模式之一;如果不在这三种模式之中,没有大量的数据实证或者严密逻辑证实能够盈利,这种项目基本上是凶多吉少的,不宜投资。另外,有数据证实,如果营销战略处于三种模式之间,也就是模式混淆,平均投资回报率最低。

> **营销战略**就是对营销长期的、系统的与不断变化的环境相适应的谋划。

从营销战略的定义可以看出,首先它是长期性的。有人说这个模型从哪里来的呢?这个不是笔者自创的,是来自哈佛大学的结论。他们是怎么搞研究的?找大量样本。他们统计了许多个样本,得出一个结论:绝大多数净资产投资回报率高的项目都属于上述三大营销战略模式之一。

当然,这一结论不是100%正确的,社会科学没有100%正确的,追求100%正确其实是小学生思维,不是大学生思维。这个结论有个前提是充分竞争性行业,非充分竞争性行业及寡头行业除外。比如,对于孩子不去学校的厌学调整,就是个非竞争性行业,是不能套用这个结论的。接下来,我们针对这三大营销战略逐一进行讨论。

低成本营销战略

> **低成本营销战略**，是指在非常重要的影响成本的环节，全面地、人为地、高度地选择成本低的生产经营方式，以成本低造成竞争优势，以低价带来量的增长，以获取高额利润。

很多人一看这个定义就说，明白了，就是薄利多销嘛！错了，非常错！低成本战略跟薄利多销是风马牛不相及的事情。

低成本战略的价格低是建立在成本低的基础上，薄利多销的价格低是建立在利润率低的基础上。

薄利多销是一种极易仿效的经营手法，只要把价格一改，薄利多销就模仿完毕。低成本战略可不是那么好仿效的，把成本降低是很难的。那么，有人会说沃尔玛不是在搞薄利多销吗？要注意，沃尔玛是宣称薄利多销，实际上是不是真的呢？它之所以价格低，是建立在成本低的基础上。比如，沃尔玛从来不会到市中心租地盘，成本不是低了吗？沃尔玛搞简易装修，成本不是低了吗？沃尔玛搞仓库与销售合二为一，成本不是低了吗？沃尔玛坚持很高的人货比，成本不是低了吗？这就叫低成本战略。

有人说在淘宝上开店是在搞薄利多销，这真是一个大大的误会。在淘宝上开店省掉了商铺房租费用，这可是很大的一笔费用。我们在大商场买东西，价格中有很大一部分是房租，在淘宝上开店不是在搞薄利多销，而是在搞低成本战略。

低成本战略与薄利多销的区分点在于：前者的核心是降成本，后者的核心是降利润。除了这个理解误区之外，很多人还存在另外一个理解误区：影响成本的重要环节矛盾。

比方说，沃尔玛的成本当中很重要的一块是租金成本。如果沃尔玛把商场设在上海市中心的淮海路，但搞简易装修、仓库零售合二为一、高度的人货比……那就麻烦了。把沃尔玛建在淮海路，不是说没人去消费，但很容易亏损。为什么？因为淮海路沃尔玛的东西肯定比其他沃尔玛贵，于是，想买便宜东西的人不会跑到淮海路去。因为淮海路东西的特点就是贵，想买贵东西的人，他又觉得进淮海路沃尔玛买东西有点丢份儿，结果两群人都不容易进去。如果只有少量的人光顾，这种项目就很容易亏损，这叫影响成本的重要环节矛盾，思路混淆。

在影响成本的重要方面，A是一个关键大环节，采用低成本，B也是一个关键大环节，却采用高成本，这就是思路混淆。

真正想要降低成本，常用的第一个办法是扩大生产规模与获取规模经济优势，规模越大，成本越低；第二是技术突破，这个要碰运气了；第三是价值工程，价值工程是很重要的，就是在影响成本的重要环节，如采购、设计、制造、运输、营销、行政等环节，全面、人为地选择低成本，这就是低成本战略。

通过上述分析，各位读者认为沃尔玛低成本战略做得很好了，对吧？笔者告诉你还有做得更完美的。德国有个阿迪超市，跟沃尔玛全面开战，把德国所有的沃尔玛超市统统击垮，而且开到沃尔玛的老巢，居然在美国开了1 300家，它创造性地把成本压得更低了。为什么它的成本更低？它有一个创新：沃尔玛的商品有几万种，阿迪超市里只有700种。有人会问，仅有700种商品为什么成本会低？因为它只供应700种商品，每个品类都只供应爆款，也就是最好的，这会导致什么结果？那就是，每一个单品的采购量比沃尔玛多得多。沃尔玛的品种多了，单品销售量就分散了。阿迪的单品采购量非常大，比如沐浴露，阿迪就提供一两个品种，又是经过严格筛选的，结果其销量就非常大，阿迪在采购上就占尽优势，价格极低。其次，阿迪有原货保障。它不拆货，这样就省了许多人工费。在阿迪超市，包装盒子都是乱七八糟的。最后，阿迪绝不做广告，也不接受采访。阿迪要求新闻媒体不要来，媒体说："我来帮你宣传。"阿迪说："不要，不要！采访的时间不如用来理货。"结果阿迪居然战胜了沃尔玛。

又如低成本航空公司——春秋航空，它是学美国西南航空，它不是在搞薄利多销，而是在搞低成本战略。为什么它的成本低？首先，春秋航空多半都是选择红眼航班,起飞时间要么很早要么很晚,这个时间段飞机场的租金低;其次,它的座椅位置很紧;再次,春秋航空的服务人员很少;最后,春秋航空不送免费零食,想吃得花钱买。在影响成本的重要方面,春秋航空都在控制成本。不过,美国西南航空公司又冒出了一个更厉害的低成本竞争对手——巴西航空。巴西航空大胆突破创新,它创造性地发明了飞机站票,整架飞机没有一个位置,人是直立的,像坐公交车似的手拉吊杆。于是,成本急剧降低。现在是2021年,在可预见的未来,亲爱的读者可能坐上拉杆式站票飞机,你们的心情如何?

另一个低成本战略的典型是恒大地产,它是薄利多销吗?不是的,恒大房地产的利润一点都不薄,它如何降低成本呢?仔细观察恒大地产在中国各地的案例,全国各地小区模样都是差不多的,设计费便省掉了。由于全国都是基本一样的,恒大地产的某个原材料单品采购量就很大,可以杀价,这跟德国的阿迪超市是一个套路。小区模子一样,绿化一样,房型一样,地皮也都是郊区,是典型的低成本战略,于是恒大就发展起来了。

亲爱的读者朋友们,应该从你们的脑子里面彻底消除薄利多销这个观念。薄利多销是一个战术行为,短期可以的,作为战略绝对不行。薄利多销非常易学,你搞薄利多销就可以发大财,人家也可以把价格改掉。如果薄利多销能够发财,将会推导出一个荒唐的结论:人人都可以发大财!这可能吗?

差异化营销战略

差异化营销战略就是公司致力于创造具有目标市场客户需求的、客户可感知的显著差异化产品,以差异性支撑高价格,以高价格获取高利润。

差异化营销战略有以下三个要点:

(1)这一差异化必须满足客户的需求。

(2)这一差异化必须是客户可显著感知的。

(3) 这个产品必须有差异化,而且是目标市场客户共同需要的差异化产品。

以上三点中,第二点最容易犯错,即许多投资和创业项目的差异化无法被目标市场客户显著感知。

本节所讲的差异化是非常广泛的,包括但不限于以下五个方面。

1. 产品功能差异化

即具有竞争对手不具备的功能或质量,但是要注意:功能差异化是一项难度较高的差异化。

2. 产品服务差异化

即提供给客户竞争对手所不提供的服务。

例如,

在2021年,台式电脑生产企业在电脑的功能差异化上下功夫已经很困难了,于是,他们想到了服务差异化。笔者家里的书房要更换一台电脑,在网上下了单之后,有专人负责送货上门并且安装。没过两天,笔者在家听到敲门声,便打开门问:"哪位?"只见来人右手高高一举,高声唱道:"我是月亮使者!"我吓了一跳,后来搞清楚了,原来是装电脑的,然后我就把拖鞋一放,说:"请进!"他说:"不,不,不!本公司规定进客户家里要穿鞋套。"我告诉他电脑装在书房,到了书房,工作人员突然手往包里一掏,做了一个惊人的动作——他掏出一块抹布来,先把我书房所有地方都抹了一遍,不光是电脑桌抹干净了,书架也抹了一遍,凳子也抹了一遍。他声称:"公司规定要顺带帮客户打扫好卫生。"我顿时觉得这家公司很不错。装好了电脑要走的时候,工作人员突然又问了一个令人意外的问题:"请问先生,您家的垃圾袋在哪里?本公司规定,出门时一定要帮客户把垃圾袋带出去。公司电话回访您时,麻烦先生一定要告诉他们,我把您家的垃圾袋带出去了,否则，我的奖金要被扣掉的。"这就叫服务差异化。如果这家公司的电脑比市场平均价格贵5%，读者朋友们是否可以接受呢？

3. 品牌差异化

品牌差异化又叫客户记忆差异化。当一个产品功能差异化、服务差异化都很难做的时候，你就只能做记忆差异化了。试想一下，为什么化妆品要拼命做广告？就是因为化妆品的功能差异化和服务差异化很难做起来。酒类产品也是如此，500元的酒跟50元的酒是由同一个酒窖产出的，但是广告投入不同，名称不同，目标市场客户的感觉就不一样了。这里面最主要的差异就是客户的记忆差异，造成客户的心理感觉不同，这主要是大量广告投放的结果。

4. 满足心理需求差异化

如果产品的功能差异化、服务差异化、品牌差异化都难以实行，那就做满足心理需求差异化。

比如，饮料瓶上面写着："我是帅哥！""我是美女！"

或者酒瓶上写些心灵鸡汤语言或一些幽默的语言："兔子不吃窝边草，吃了绿化不达标。"

以上就是满足心理需求差异。

5. 包装差异化

如果功能差异化、服务差异化、品牌差异化、满足心理需求差异化都难以实行，那怎么办呢？第五个差异化就是包装差异化。

比如，

要提高月饼的售价该怎么办？几十年前笔者就指导过福建一个地方月饼企业，改变月饼的包装，做成一个弥勒佛的形状，将月饼放在弥勒佛的肚子里，而且想吃的时候，一按弥勒佛肚子上的按钮就打开了，并伴有音乐声："南无阿弥陀佛，南无阿弥陀佛。"月饼还分了好几类，如祝愿子孙考大学顺利的、事业成功的、家庭和睦的等。当时，这几款月饼虽然销量不是很大，但价格是别的月饼的5—7倍，而通常情况下月饼的纯利润率只有10%，卖1盒月饼等于别人卖50盒的利润，总利润是相当不错的。

差异化战略最容易犯的错误是什么？是客户对差异化要具有可感知性，即差异化要跟客户的感知能力相匹配。如果产品确实是差异化的，但可感知性差，那也不行。

比如，生产纯净水的厂家，水里面微量元素的含量比竞争对手高30%，这种差异化是无法支撑价格上升的，因为客户感觉不到；如果纯净水搞包装差异化，把水瓶的样子做得像个财神，客户对价格上升还好接受些。

笔者感觉有80%的企业就失败在差异化没有可感知性。在民间语言里，差异化叫特色。也就是说，产品特色不能被客户显著地感知，只有商家自己觉得差异很大，而商家是专业人员，他对微小差异化的感觉能力比普通消费者强。请一定记住：普通消费者不是专业人员，他们是凭感觉进行消费决策的。

有的读者可能会反驳："我请专业机构证明产品的差异化，然后大肆宣传，可行吗？"

笔者告诉你：大量的统计数字和实践证明，上述操作是需要花大钱才能成功的，这对创业而言常常是行不通的。当然，如果你钱很多，可以这样做。比如上面提到的纯净水微量元素比别人高30%，如果企业准备花100亿元人民币做宣传（假设是2021年），成功的概率还是比较大的；否则，企业还没有"长征"到盈利，就资金枯竭了。

再举一个相反的例子。

有一个拖拉机厂生产六马力的拖拉机，其竞争对手生产的拖拉机是五马力,目标客户群体是广大山区农民。但这个增加了一马力的拖拉机却卖不动了,为什么呢?因为六马力与五马力的差异是抽象化的差异,对这一差异的感知能力跟文化程度是有关系的:文化程度越高,对差异的感知能力就越高;文化程度越高,对差异性的敏感性就越高。山区农民搞不清楚六马力与五马力的差异,感觉用起来都差不多。后来,有人给这家企业出了个主意,让企业把拖拉机的消音设备给拆了,结果这个拖拉机就畅销了。因为农民在试用时,拖拉机叫得很响,声音很大,农民感觉这个马力足,所以就畅销了!

如果某种机器设备的目标消费者是研究所的研究员,上述动作就是错误的,因为研究员们对微小差异的感知能力很强,他们可以用仪器测试出设备的差异化,而农民朋友们是通过眼睛、耳朵来感知差异化的。

再举一个牙膏畅销的例子。

在西方,牙膏被发明后,很长一段时间内难以销售出去,因为消费者觉得用了牙膏和没有用牙膏没什么差异。虽然实验证实,用牙膏刷牙后,口腔里的细菌大幅度减少,但这种差异无法被消费者所感知。牙膏后来之所以被普及,是因为有人想出了一个天才般的方案:在牙膏里面放薄荷!刷牙前后可感知的差异性被迅速放大,于是牙膏就畅销了。而牙膏中的薄荷,对灭菌是没什么作用的,但消费者就是由它感知到了差异。

亲爱的读者,企业是无法指责消费者的,消费者是你的上帝,生产者只能面对现实。

笔者再次温馨提醒:创业企业不仅要做与众不同的产品,还要对准目标市场的需求,更重要的是,差异化要与客户的感知能力相适应,差异化要能被客户显著感知,否则,需要花大钱去教育市场。

目标市场消费者的文化程度越高,对微小的差异化感知能力越强。

目标市场消费者的专业性程度越高,对微小的差异化感知能力越强。

目标市场消费者的经验越丰富,对微小的差异化感知能力越强。

另外,笔者比较反对"特色"这个词。因为这是典型的产品导向暗示,容易导致思考重点在产品而不是客户的需求上。比方说,你脸上生了梅花疮,这绝对是一个特色,但在婚姻市场上是绝对不吃香的,因为没有客户需求。这一例子举得比较极端,只是为了引起足够的重视,还请读者朋友们见谅。

细分化营销战略

> **细分化营销战略**,又叫聚焦化营销战略,是指以顾客需求的差异性(或者称特殊需求)为依据,把一个统一的市场分割为若干个小市场,这个小市场被称为细分市场,每个细分市场都是共性需求与特殊需求的统一,企业在满足共性需求的前提下,根据细分市场的特殊需求,来设计、生产、促销产品。

首先我们对需求做一个分解,任何客户都有需求。不过请注意,需求不仅仅是指他想要这个东西,还要包括有支付能力。想要飞机吗?多数读者想要,以你们作为客户来销售飞机,这个不太合适,对吧?因为多数读者没有支付能力。

任何一个需求一定是共性需求与特殊需求的统一。比如,你到医院去打针,其中的共性需求是什么呢?当然是能够顺利地将药水打进去,少了这些功能是不行的。但是美国有一个生产针筒的公司实行细分化战略,它的针上面都有玫瑰花,卖得很好。因为顾客觉得不是针而是玫瑰花扎进了屁股,似乎是好兆头,结果这家公司赚了很多的钱。但这不是共性需求,因为有的人打针,针筒上没有玫瑰花也是可以的,从而既满足了共性需求又满足了某一群体的特殊需求。

1. 市场细分化

所谓市场细分化,就是根据顾客需求的差异性,把整个市场进行分割,满足细分市场的产品不仅要满足共性需求,还要满足特殊的需求。这样一来,其在细分市场上就占据了独特的优势,能把仅仅满足共性需求的产品挤跑,于是就赚钱了。

再来举一个关于手机的例子。

> 手机的共性需求就是能通电话,但能不能上网就是一个差异性或特殊需求,于是,市场可以分为三个部分:18岁以下的青少年市场、成年市场、80岁以上的老年市场。
>
> 18岁以下青少年市场手机的特殊需求在于:父母担心孩子染上网瘾,担心孩子上课聊天,不专心学习,所以,希望手机不能上网、没有微信、不能收发短信,或者虽然有微信、能上网、有短信,但可设置密码,密码由父母掌握。在这个市场中,表面顾客是青少年,实质顾客是父母。
>
> 80岁以上老年市场手机的特殊需求在于:老人耳朵、眼睛不好,容易走丢,所以,希望手机可以通话、发短信,屏幕大,显示字体大,通话声音大,有定位功能。在这个市场中,顾客表面是老人,实质顾客是其子女。

对于市场细分化,不仅可以一次细分,还可以二次细分。比如,80岁以上的老年人要求手机是大屏幕、大字、声音特别响,二次细分是什么呢?可以根据老人的性别来二次细分。比如老年顾客是女性,手机的铃声就特殊处理,来电铃声可以是一句话——"妇女能顶半边天",或者"老公是老虎,而我是武松"……这就是二次细分。

再举一个二次细分的例子。

> 假定你是开医院的,你可以利用语言进行二次细分。比如,你有家医院开在上海松江、青浦与江苏昆山交界的地方,那个地方有什么特点?台资企业特别多,可以开一个闽南语医院,里面可以说闽南话,专门聘请一批闽南名医,从风格上就设计为闽南风,医院里可以多放一些在闽南地区有影响力的报刊。可想而知,在医疗水平大致相当的情况下,这家医院会比其

他医院在当地更具吸引力。这就叫细分化战略,它满足了特殊需求。

2. 发现特殊需求

那么,怎么发现特殊需求呢?

办法是用地区、气候、年龄、性别、家庭、生命周期、收入、职业、教育、种族、国籍、心理素质、社会阶层、个性、追求的利益或者其他创新的细分标准,作为一把刀子,去分割市场,分割出来以后,要看这个小市场有没有什么特殊需求。如果有特殊需求,这个小市场就是细分市场;如果没有特殊需求,这个小市场就不是细分市场。

比如,

> 房地产公司可以对其客户进行如下细分:进行收入细分,把市场细分成非常有钱的客户、白领中产阶级客户或者普通老百姓客户,逐个研究每个小市场有没有特殊需求,房子的共性需求是住得好,有没有特殊需求呢?有的!比如,白领中产阶级的房子,在上海一般100平方米左右,这个细分市场的客户的特殊需求之一是想请保姆,又不希望保姆住在家里。可在小区设置保姆集体宿舍,由物业统一管理,并统一设置保姆指导价,以免价格竞争,而且物业公司经常组织他们学习敬业精神课程,以提高他们的敬业度。如果房地产公司开发这样的楼盘,就属于执行细分化战略。
>
> 孝道房产也属于细分化战略。什么叫孝道房产呢?就是针对有的子女既想与爸妈住在一起,又不想与爸妈住在一起这种矛盾的需求来开发房产。可以进行这样的设计:房子走廊这边两室一厅,走廊对面就是一室户,而且一室户只有洗澡间,没有厨房,这样就省了一个厨房;爸妈住一室户,年轻夫妻及孙子孙女住两室一厅,这样既不是在一户里,又相隔不远,而且还省掉了一个厨房,于是它满足了一些特殊人群的需求,这就叫细分化战略。

又如,

在韩国，有一家银行创造了一个新型的金融产品，是细分化的金融产品，叫失恋者贷款。部分女性失恋了，喜欢疯狂购物以忘却痛苦，因为失恋会导致价值感缺乏，于是，用购物来弥补。"我占有不了男朋友，我就占有很多东西来弥补"，这可能是她们的一种心理状态。银行开发这种贷款的利润比较高，为什么呢？因为失恋的人对银行的贷款利率是不敏感的。

再如，

珠宝用品的共性需求是什么？美丽、高贵、有价值，在共性需求上胜过竞争对手，就是和大企业对着干，困难很大，不如专攻细分市场。可以专门针对男人向女人讨欢心的市场开发产品。珠宝公司可以如此规定：买本品牌的珠宝，购买时是要用身份证来登记的，一个男人一辈子只能买一次，只能送给你最爱的人。这也是市场细分化战略。

很多生意人都有一个共性的问题：老想贪大求全。做生意总想找到一个超级大市场，觉得市场越大越好。其实，不一定！我们说任何市场都可以发财，但不能说所有市场发财的难易程度是一样的。大米的市场大不大呢？当然，非常大！多数中国人是要吃米饭的，但你听说过几位企业家是靠做大米生意发巨财的？当然，有做大米生意发巨财的企业家，但难度高，需要巨额投资，所以，不是市场越大越好。市场太大的话，就是和大公司竞争，生意是很难做的，企业的死亡率是特别高的。不如找一个或者几个小一点的细分市场，提供既满足共性需求又满足特殊需求的产品，把大公司挤出去。一般而言，大公司倾向于满足共性需求，对太小的市场没兴趣，且大公司不够灵活，无法全面满足各类细分市场的特殊需求。

比如创办装修企业，很多人就想做大市场，结果企业的死亡率奇高。但专门做仿古装修的企业，反而更容易站稳脚跟。日本最长寿的企业是干什么的？全日本也是全世界最长寿的企业，就是贯彻细分市场战略最彻底的企业，它专门从事寺庙装修生意!

中国的特点是人口多,任何一个细分的小市场都有着重要的意义。比如生产左撇子剪刀,有人说市场太小了,只有2%的人口是左撇子。请注意,2%不小了! 2%的人口也有2 900万人,2 900万人相当于一个中等规模以上的国家了,不能太贪了。人贪欲太大是不好的,鞠门学术体系讲究利己利他二元相对平衡,有兴趣的读者可以去看笔者在复旦大学出版社出版的专著《和谐管理:二元相对平衡管理理论》,从哲学高度去了解一下,就可以理解太贪是不好的。

然而,是不是任何一个细分市场都适合做生意呢?不是的!这里有个前提:细分市场的顾客搜索成本应该比较低,即寻找到他们的渠道比较集中,这些人或者聚集在某个地点,或者聚集在某个网站。

3. 市场细分化的一个误区

市场细分化有一个误区,它并不是按地区、年龄、学历、收入、种族、性别等因素一分割就是细分市场,你要看它有没有需求差异性。如果没有需求差异性,没有特殊需求,就不是市场细分化。比如,把大米市场分成男人吃的大米和女人吃的大米,这就不是市场细分,因为它没有需求差异性;将纯净水分成男人喝的纯净水与女人喝的纯净水,也不是细分市场,两者的需求是一样的,没有差异性。

三大营销战略的矛盾关系

至此,我们已将充分竞争性行业的三大营销战略解释清楚了。其实,这三种基本营销战略是矛盾的。比如,低成本战略的成本低,差异化战略的成本必然高;差异化战略是针对全体消费者的,细分化战略是针对部分消费者的,而且细分化战略容易使成本升高。因此,这三种基本营销战略是不可兼容的,是互相矛盾的。

还有一个非常重要的结论读者朋友们要千万记住:在充分竞争性行业,企业的营销战略不清晰,而是处在三种基本战略之间,或者两种基本战略之间,比如，既有一点低成本战略的味道，又有一点差异化战略的味道，这叫战略混淆，大数据显示，这样的企业净资产投资回报率最低。所以，笔者坚决反对：在充分竞争的市场，实行营销战略混淆。

创业项目评估实例1

20张桌子的川湘沪粤菜饭店

有一人来找笔者咨询意见，评估创业成功率，想要笔者投资以下创业项目：该创业项目是开一家饭店，饭店的规模在20张桌子左右。该饭店菜品种类丰富，包括川菜、湘菜、沪菜、粤菜，让顾客在同一家店就能品尝到四个地方的地道口味。该项目是否值得投资呢？

笔者的结论是，该创业项目虽然存在成功的可能性，但失败的概率极高。

因为该创业项目犯了一个典型的错误——战略混淆。笔者在本节中已讲，三大营销战略分别是低成本营销战略、细分化营销战略、差异化营销战略，创业成功的企业绝大多数都使用了这三种营销战略的其中之一，而营销战略处于三种模式之间（战略混淆），失败的概率最高。下面，我们来逐条进行分析。

首先，本项目不属于低成本营销战略。本项目饭店的规模为20张桌子，在中国的所有饭店中，该规模处于中等或者中等偏下水平，有一点低成本的味道，但又不是彻底的低成本路线。真正走低成本路线的饭店，比如夫妻老婆店，饭店的所有员工只有夫妻二人，规模在5张桌子以内，甚至没有桌子，只能外带。这样的饭店之所以成本低，当然是因为员工特别敬业（饭店做好了，自己的家庭就更幸福了），更为关键的是，夫妻老婆店节约了大量的控制成本。一旦饭店的规模扩大，就需要招外面的员工，这些员工可不会像夫妻老婆店那样尽心尽责。为了防止员工钻漏洞，老板就需要花额外的时间、精力、费用去建立控制系统，成本自然也跟着上升许多。

其次，本项目不属于细分化战略。本项目的菜品种类有四种，貌似细分化，但细分化的程度远不够彻底。真正走细分化战略的饭店，就应该以足够的吸引力去满足一小部分人个性化的需求。比如专做粤菜,甚至古粤菜;或专做火锅,甚至铜火锅;或专做沪菜,甚至新沪菜;或专做驴肉餐厅,而不是把几个菜系简单地合并起来。市场的规律是,普通顾客(需要满足共性需求的顾客)更倾向选择大的、知名度高的饭店,有特殊需求的顾客会去细分更彻底的饭店,处于中间状态的饭店生意最差。

最后,该项目也不是差异化战略。差异化战略是提供满足共性需求之后的差异性。比如,饭店提供跪式服务,让顾客感到很尊贵;或者服务员结账时会变魔术,让顾客感到很开心。尊贵感和开心是大多数顾客来到饭店被满足共性需求——吃饭——之后所需要的。

综合以上分析,该项目是典型的战略混淆,与三大营销战略都沾一点边,但不存在一个突出的方向,因此,失败率极高。

纵观城市街边饭店,大多数饭店就是这样,各方面都很中庸,各方面都沾一点边,成为创业杀手,失败率极高。对于这样的创业案例,来人过来咨询时,笔者对其提出了高度的警告。

创业项目评估实例2

15座位上海普通美容美发店

临近过年了,笔者的一位学生路过理发店,看到理发店里人头攒动,店员们忙得不亦乐乎,心里就萌生出想要开一家理发店的念头,便跑来问笔者在上海能否开一家规模在15张座位左右的美容美发店,希望笔者对此创业计划作出成功率评估。

数据统计证实,在充分竞争的市场,能够盈利的项目至少会遵循低成本战略、细分化战略、差异化战略这三大战略之一,成功率才最高,混淆战略或者中间战略的失败率最高。

现在大街小巷的美发店屡见不鲜,低头不见抬头见的美发店不可避免地让人有些视觉疲劳,即便商家在门面的装修上、在美发店的起名上动足了心思,但收效甚微,而且你可以发现这些美容美发店经常倒闭,经常新开,可见美容美发领域也是典型的创业杀手。

美容美发行业是典型的充分竞争行业,若想成功,必须在低成本、细分化、差异化战略三者之中选一个,成功概率才大一些,而且还不一定成功,只是成功概率大。

例如,若采用低成本战略,夫妻二人开一间不到15平方米的小型美发店,这种店老板一般担任全职理发师,服务于周边社区的普通居民,店里就放两张椅子,设备基本够用就行,不求高级的装修,只靠平淡无奇的手艺踏踏实实吃饭,这种小店的寿命一般会很久,细水长流,也足以支撑一个家庭的生活。为什么这种理发店成本低呢?敬业程度高而且省掉了控制成本,如果再雇旁人,员工的敬业精神肯定是大大打折的,而且要花费成本去控制。

又如,若采用细分化战略,可在超市、地下通道等人多聚集的地方开一间理发铺子,突出宣传快速理发,名字就叫"一刻钟美发店",只提供剪发的服务,靠着集成化的理发设备提供15分钟速剪的业务,理发师动作熟练,各流程衔接得流畅,不仅省时省钱,而且满足那些只图快不求精致的特殊人群的需求(笔者就是这种需求)。或者考虑到某地台资企业非常多,于是开闽南语美发店,店里员工讲闽南话,休息处放的是繁体字报纸,满足闽南人的特殊需求。

再如,若采用差异化战略,可在美发时提供太极推拿服务。服务员在美发时,先做出太极姿势,练功蓄气,然后进行头、颈、肩的推拿。

反观之前提到的"15座位上海普通美容美发店项目",是典型的混淆战略或中间战略。因此,笔者当时给的结论是,这种项目极易失败,并不是说它一定失败,而是它的失败率太高了,除非想出创新性的细分化或差异化战略,否则,不建议投资。

第9环

进入退出障碍分析

"任何行业都有大老板,所以,任何行业都可以投资、创业",对于这句话,教授您怎么看?

答:笔者对此持强烈的批判态度,因为不同行业赚钱的难易程度是不一样的,你得学会进入退出障碍分析的方法。

在民间，关于投资、创业广泛流传的一句话是："任何行业都有大老板，所以，任何行业都可以投资、创业。"笔者对这句话持强烈的批判态度。任何行业都有大老板、都可以赚钱确实是对的，但不能说任何行业赚钱的难易程度都是一样的。在投资或创业项目的评估中，我们重点考虑的是行业赚钱的难易程度，进入退出障碍正是分析某行业赚钱难易程度的工具。

进 入 障 碍

> **进入障碍**，指进入某个行业的难易程度或成本大小。进入某个行业越难或成本越大，称之为进入障碍高；进入某个行业越容易或成本越小，称之为进入障碍低。

影响进入障碍的因素有：

（1）资金大小。进入某行业所需要的资金越大，进入障碍越高；进入某行业所需要的资金越小，进入障碍越低。一般而言，如果某个行业需要大量的设备，并存在显著的规模经济，即在一定的范围内，随着产量的逐渐提高，产品的单位成本下降，则进入该行业所需要的资金就会比较大，进入障碍高。

（2）技术壁垒。某一行业的技术壁垒越大，进入障碍越高；某一行业的技术壁垒越小，进入障碍越低。比如，微软和谷歌在计算机行业都是老牌的技术巨头，微软的操作系统和谷歌的搜索引擎技术壁垒就很高，从开发出来至今已经有二三十年的时间，竞争对手极难插足。

（3）知识产权。专利、商标等知识产权在限制行业进入方面非常有效。专利旨在鼓励发明和新业务的发展，赋予企业在一定时期内阻止其他企业生产某一产品的合法权利，从而限制市场进入。例如，世界上大多数国家的发明专利保护期为20年，如果某制药公司为其某种药品申请了发明专利，则未经该制药公司的许可，其他公司在20年内就无法生产该药品。

（4）特殊关系。某些行业的进入需要有特殊关系。不可否认的是，我们每个人在分配资源的时候，会更加倾向于分配给熟悉的人，因为熟悉的人可以带来更多的安全感，并且熟悉的人会朦胧地感觉可靠。尤其是在中国，这一现象比欧美国家更加明显。

（5）关键资源。有些产业是属于某个特定地区的。比如，黄金在地球上的储量集中在一些特定的区域，这些区域的黄金储量相当高，只有进入这些区域，才能生产黄金。再如，津巴布韦铬的储量占世界铬储量的85%，要想进入铬矿业，障碍极大。

（6）法律障碍。某一产业的法律障碍越大，该行业进入越困难；某一产业的法律障碍越小，该行业进入越容易。政府可能会通过严格的许可证制度或者限制原材料的获取，来限制企业的进入。想要在特定领域内开展业务的企业需要获得政府批准才能继续开展此业务。比如，即便是有大量的资金，想要开一家航空公司或者金融类企业也极其困难，因为很难拿到许可。

（7）文化障碍。文化障碍指进入该领域不被本国或者本地区的文化所接受。某一产业的文化障碍越大，该行业进入越困难；某一产业的文化障碍越小，该行业进入越容易。比如，在中国最典型的是殡葬业。殡葬业的利润极高，但是做的人很少，因为在绝大多数中国人的观念里，每天跟死人打交道是不吉利的，会给自身带来灾难。

（8）网络效应。网络效应是指这样一种现象，当产品或服务被其他用户采用时，产品或服务的现有用户会以某种方式受益。在许多行业，企业要想取得成功，就需要拥有大量的用户，社交媒体尤其如此。人们在选择社交媒体时，不一定会选择最好的或者技术最强的，更大的可能是选择他们亲朋好友所使用的。一个典型的例子就是微信，微信的技术含量并不高，但是新的类似公司很难进入，因为大家的亲朋好友都在使用微信，使用一个新的社交软件大概率会跟亲朋好友失去联系。

第9环 进入退出障碍分析

退 出 障 碍

> **退出障碍**,指退出某个行业的难易程度或成本大小。退出某个行业越难或成本越大,称之为退出障碍高;退出某个行业越容易或成本越小,称之为退出障碍低。

影响退出障碍的因素有:

(1) 设备专用性。设备的专用性越高,退出障碍越高;设备的专用性越低,退出障碍越低。假设某些设备的专用性非常高,无法用于别的领域,只能在某一或者少数几个行业应用,使用这些设备的企业退出障碍就比较高。

(2) 税收对当地的影响。税收对当地的影响越大,退出障碍越高;税收对当地的影响越小,退出障碍越低。有些企业根据法律规定要交高额的所得税,这些税是当地政府重要的收入来源,如果这些企业要退出,就会受到来自地方政府的重重阻碍,政府会想尽一切办法留住企业,以避免失去一大笔财政收入。

(3) 就业对当地的影响。就业对当地的影响越大,退出障碍越高;就业对当地的影响越小,退出障碍越低。有些规模较大的企业给当地带来了许多就业岗位,笔者就曾碰到过比较极端的情况——一家企业贡献了当地80%的就业率。此时,如果该企业要退出,大量的人将面临失业,这将会是当地一个强烈的不稳定因素。如果地方政府放任该企业退出,则可能会遇到大量的投诉、举报,甚至爆发群体事件,威胁当地的公共安全。因此,政府一定不会轻易让这类企业退出。

进入退出障碍可用图9-1表示。

图9-1中,横坐标代表退出障碍,越靠右代表退出障碍越高;纵坐标代表进入障碍,越靠上代表进入障碍越高。我们把平面分成A、B、C、D四个区域。

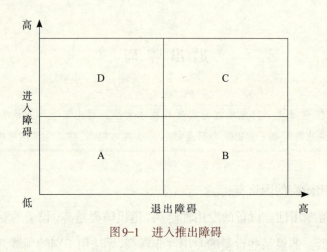

图9-1 进入推出障碍

A区域代表进入障碍低、退出障碍也低。典型的企业有小区杂货店、菜摊、沿街服装店、小书店与报刊亭、小超市、普通农业等。这类企业的特点是进入几乎没有壁垒,稍有点资金的人都可以进入,且退出的成本也非常低,因为转手非常容易。比如杂货店,退出只需要将店里面的东西转卖出去即可,沿街服装店也是如此,退出只需将服装转卖出去即可。无论是杂货还是服装,需求量都很大,不愁找不到接盘的人。

B区域代表进入障碍低、退出障碍高。典型的企业有正规洗浴中心、咖啡馆、有大量专用设备的小型制造业、各地的小酒厂等。这类企业的特点是进入很容易,没有资金或技术壁垒,但是退出时往往会遇到比较大的困难。比如正规洗浴中心,开业只需要一片场地、一些洗浴的专用设备、一些人员即可,但是退出就比较困难,因为洗浴的专用设备只能卖给洗浴行业,无法卖给别人。洗浴中心跟杂货铺或服装店退出的区别在于,杂货铺或服装店的东西是人人都需要的,因此,盘出去非常容易,而洗浴中心多为专用设备,接盘者的数量非常有限。再如,各地小酒厂的退出障碍也非常高,这是因为酒是一个高税收的行业,酒厂可以为当地政府贡献数额巨大的税收。一旦某地酒厂想要退出,就会受到来自地方政府的巨大阻力,即使酒厂亏本,政府也会想方设法让其继续经营下去。

C区域代表进入障碍高、退出障碍也高。典型的行业有钢铁业、采矿业、汽车制造业、配备大量专用设备的大型制造企业、大型建筑公司（非民用房地产公司）等。重工业基本都属于本区域。这类行业进入时需要大量的资金，或需要很高的技术，因此，进入难度非常高；又因为存在大量的专用设备，如炼钢的高炉、采矿机等，所以，退出难度也很高。

D区域代表进入障碍高、退出障碍低。典型的行业有软件、会计师事务所、民用房地产公司、某些地方的培训公司、高科技药物、精神病医院、殡葬业等。比如软件行业，有心理测量软件、金融软件等，要进入这些行业，既要有软件知识，又要有心理学或金融学知识，难度非常高。某些地方的培训公司之所以进入难度高，是因为法律障碍高。具体来说，企业要在这些地区申请培训牌照难度极高。民用房地产公司进入障碍高主要是由于资金壁垒、资质壁垒以及很多情况下拿地需要很强的人际关系。而精神病院、殡葬业进入障碍高是因为文化障碍。在中国，开精神病院与殡葬业是难以启齿的，并且被认为是不吉利的，会给自己带来很多霉运。相反的是，这些行业的退出障碍很低。比如，会计师事务所要退出，几个合伙人商量好就可以散伙；软件行业要退出，人员可以遣散，而那些电脑都是通用设备，很容易盘出去；民用房地产公司要退出，只需要把房子卖出即可，在现阶段的中国（2021年），大部分地方要把房子卖出去是很容易的。

下面分析A、B、C、D四个区域盈利及亏损的难易程度。

A区域的企业是小赢小亏型。A区域的特点是进入障碍低、退出障碍低。进入障碍低决定了其赚大钱的难度高，因为一旦有人在这个领域赚了一点钱，大家就蜂拥而至，导致所有人的利润均不会太高。退出障碍低决定了其亏不了大本，一旦亏损一点，把存货卖掉即可退出。因此，像杂货铺、小型超市、沿街服装店等是亏不了大本的，比如亏1 000万元是几乎不可能的，因为只要亏损几十万元，他们就退出了。

B区域的企业是最难赚钱、最易亏损型。B区域进入障碍低、退出障碍高，意味着一旦有钱可赚,投资者、跟风者像潮水般涌入,饭店、澡堂均是如此。但是B区域退出障碍高,许多人想退但是退不出去,因此当竞争激烈时,大家就开始打价格战,进行你死我活的斗争,于是,在这个圈子里就会出现一片"血雨腥风"。

C区域企业的特点是巨亏巨赢型。进入障碍高就决定了其有可能获得巨额利润,退出障碍高就决定其有可能巨额亏本。C区域适合资金实力极其雄厚或融资能力极强的人进入。

D区域企业是4个区域里最容易赚钱的。D区域进入障碍高,就意味着即便有钱可赚,许多人也没有能力进入,只能眼睁睁地看着其他企业赚钱。D区域退出障碍低,这就导致只要行业竞争稍微多一些,意志薄弱的人就会退出,留下的企业相比退出障碍高的,日子就比较好过。微软就是D区域企业的一个典型,微软自1985年发布第一版Windows操作系统至今已有36年的时间,在微软最辉煌的20年中,创始人比尔·盖茨几乎每年都是世界首富,而编写操作系统有极高的技术壁垒,直到现在(2021年),也没有出现一款家用操作系统可以与之相媲美。笔者曾经开过一家心理测量软件公司,也属于D区域。心理测量软件进入障碍很高,非心理学专业人员很难做出一款准确的心理量表,同时,还要求有一定的软件知识;退出障碍非常低,退出成本无非就是一些电脑、光盘之类的东西。这家企业曾经给笔者带来了丰厚的利润。所以在创业投资时,如有条件,最好选择本区域的企业。

下面再举几个案例来说明进入与退出障碍。

案例1:在较长的时间范围内(比如30年),从概率的角度分析,民宅与商业办公楼哪个投资回报率更高?

答案是民宅。民宅与商业办公楼都属于房地产行业,它们的进入障碍都是偏高的。房地产行业的进入需要大量的资金,并且在某些情况下还需要一些特殊关系,因此进入障碍偏高。在进入障碍上,两者类似,无法区分。而在退出障碍上，两者就有了明显的区分。相比商业办公楼，民宅的退出障碍更低，因为民宅相对于商业办公楼更容易出售。在一个较长的时间段内，当房地产行业之间的竞争越来越激烈时，做民宅的房地产企业更容易退出，那些意志不坚定的企业退出后，竞争的激烈程度将得到缓解；而商业办公楼由于不容易退出，就开始互相之间打价格战，竞争愈演愈烈。根据前面的分析，两者进入障碍相似，而民宅的退出障碍相对更低，因此，其投资回报率更高。

案例2：淘宝网等大型互联网平台属于A、B、C、D哪个区域？为什么？

淘宝网等大型互联网平台属于C区域，即进入障碍高、退出障碍也高。也许有人会认为，淘宝网的最大进入障碍在于技术，其实不然。淘宝网所涉及的技术都是比较成熟的，在淘宝网成立之时，国外就已经有很多类似的网站，发展到现在，技术壁垒已经非常低，甚至刚毕业的大学生也是有能力开发的。开发一个功能齐全的交易平台类网站所需要的费用一般在几十万元，至多也就几百万元。淘宝网最大的进入障碍不在于技术，而在于资金。为了吸引商家入驻淘宝，淘宝支出的最大部分是营销费用。从成立至今，淘宝网的融资达百亿级，这绝不是一般人可以做到的。国外一家与淘宝类似的平台亚马逊，从1995年成立，直到20年后的2015年才开始盈利。因此，资金壁垒才是互联网平台最大的进入障碍。互联网平台的退出障碍也很高。平台类的公司极少有人可以接盘，当互联网平台竞争激烈时，往往都是烧巨额的钱进行补贴，大打价格战以充分占有市场份额。

案例3：在中国，开办庙宇属于A、B、C、D哪个区域？为什么？

开办庙宇属于C区域。在中国，开办庙宇的进入障碍很高，需要经过层层的审批,需要打交道的部门有宗教局、佛教(道教)协会、文化局、旅游局等,只有审批通过,才能开办庙宇。这跟国外有很大的不同,国外宗教是自由竞争的,进入障碍要低得多。开办庙宇的退出障碍也很高,因为寺庙建筑、佛像、法器等东西基本上只能用于宗教活动,这些物品的专用性太高,非常难以出手。

在评估投资项目时,选什么行业最好呢?当然是进入障碍高、退出障碍低的行业。

创业项目评估实例1

年薪35万元的程序员辞职,拼多多采购,闲鱼卖货

某程序员,女,年薪35万元,在某互联网公司工作,近期发现了一个创业项目,遂打算辞职创业,找到笔者评估该创业项目的可行性。

该创业者打算在拼多多上采购一批货物,并在闲鱼上以高于成本的价格转手卖出。根据她的观察,拼多多平台具有低成本的优势,不少产品在拼多多上的采购价远低于闲鱼,同时先把货物挂在闲鱼上,待商品卖出后,再在拼多多上采购,通过这样一波操作即可实现无本创业,笔者如何评估这个项目呢?

笔者给她的答复是:这项目赚不了大钱也亏不了大本,属于小打小闹弄个零花钱,考虑到该程序员已经年薪35万元了,现在辞职去做这个项目似乎不是一个好主意。

根据创业项目评估模型中的进入退出障碍分析,这个项目为进入障碍和退出障碍都低的项目,属于既赚不了大钱也亏不了大本的微利项目。该创业者当前年薪已达35万元,属于中高收入人群,想要通过这个项目赚取超过其当前年薪的收入,概率是很低的,因此,做这个项目是非常不合适的。

具体原因分析如下：

一方面，该项目几乎不存在进入障碍。首先，该项目仅需少量的中转资金在拼多多上购入货物，随后在闲鱼上转手卖出即可，不需要开设店铺，更不需要大量的仓储空间，需要的资金成本较低，最多仅为数千元，这个资金投入是绝大多数人都可以承担的成本，因此，该项目几乎不存在资金障碍；其次，货物的买入和卖出均通过App进行，闲鱼卖出后，再拼多多采购，操作非常简单，不存在任何技术壁垒；此外，该项目对人员的要求极低，会操作手机就可以完成，也不存在人员才干障碍、文化障碍、法律壁垒、特殊关系障碍等，因此，竞争者要想进入这个市场的障碍是很低的。可以想象，随着时间的推移，知道这种盈利方式的人会越来越多，如此低的进入成本必然导致这个市场涌入大量的竞争者。随着竞争者的进入，相应产品在闲鱼上的价格必定会越压越低，利润空间会变得微乎其微。因此，想要通过这个项目赚到大钱是很难的，即便前期可以赚点钱，但是短时间内，竞争者就会不断进入，利润会被逐渐摊薄，这种获利方式时间极短。

另一方面，该项目几乎不存在退出障碍。当创业者发现利润不好，想要退出市场时，成本很低。仅需要将手中的少量中转货品清仓卖出即可，这些货品多为市场上有大量需求的必需品，想要转卖出去是非常容易的，即便出现亏损，金额也不高，因此，退出市场的成本较低。

综上所述，该项目属于既赚不了大钱也亏不了大本的微利项目，创业者为此微利项目放弃年薪35万元的工作显然是不合适的。

创业项目评估实例2

年薪百万元日企高管，辞职投资200万元，做日式风格酒吧

笔者有位学生，拜托我给他的创业项目作出评估。笔者当时的意见是失败概率极高，可惜这位学生不听，仍旧行动，最后失败。

他早年有过日本留学经历，曾在日本生活多年，后进入日资企业，一路晋升，前些年被调回国后来到上海的日企中国区总部担任高管，不到四十岁税前年薪已经过了百万元。将近中年，他开始追求人生的意义，他不喜欢按部就班在大公司里工作的状态，因此决定创业。

他对日本文化和美食都十分着迷，思索再三后，他决定利用自己对日本文化的了解和对美食文化深度研究的优势，投资做一家日式风格的酒吧，他希望在第一家店铺成功后，总结经验，开出连锁酒店。说干就干，他拉了两个合伙人，自己投资100万元，剩余两人各投资50万元，总计200万元，在上海的某繁华地段租下一间店面，开始创业。他本想将这个项目作为工作之余的副业，但经营一家酒吧的难度远远超过他的想象。从店铺选址到装修，从酒水菜品的选择到杯碟碗筷的样式，从主厨到收银员的招聘管理他都必须亲力亲为，为了保证酒吧能够顺利经营而不至于流产，他无奈之下辞去了高管的职务，全心经营酒吧。最终经过数个月的准备，酒吧顺利开张。而200万元的本金也早已花光，其中，软硬装修、厨房设备花费了大量资金。

然而，酒吧行业的竞争激烈程度和酒店管理上的难度还是远远超过了他的想象。三年经营下来，他最好的时候，每月利润仅仅有2—3万元，总体持平略亏，头发也秃了，身体也胖成了"猪八戒"，还经常失眠，并且生意稍好以后，房东就开始涨房租。心灰意冷之下，他希望将该酒吧转让，以找回点本钱，然而挂了大半年的转租消息，多方打听后，酒吧依旧无人问津。

从进入退出障碍的角度看，很容易理解这一问题。这位创业者进军的餐饮酒吧行业是一个进入障碍较低而退出障碍高的行业。在上海用200万元投资做一家酒吧属于资金投入偏小的，许多创业者咬咬牙还是可以筹集到这笔资金的，而对于工作人员的技术要求也不高，可以在市面上轻松招聘到，几乎没有任何技术上的壁垒；同样，装修设计虽有些特色，但并不难做到；并且，酒吧的关键资源其实是商铺的位置，但商铺的产权属于房东，因此，房东一看到酒吧的生意变好要涨房租的情况在国内也是常见的。

基于以上分析,该类酒吧的进入障碍比较低,因而它的竞争对手非常多,为了争取顾客,这些商家会大打价格战,将利润压得很薄。

与之相对,该酒吧的退出障碍则非常高,转让商铺难度并不大,但要找到一个同样经营日式酒吧、愿意全盘接收酒吧的人几乎是不可能的。他酒吧内独特的日式硬装修几乎全部无法出售,只能砸掉当废品卖,软装的座椅、板凳、杯碟、碗筷和专业的餐厨设备也只能以极低的价格卖出,甚至无法卖出。因此,他前期投入的200万元几乎全部亏损。

笔者在这里再次提醒,进入障碍低而退出障碍高的行业是最难赚钱但最容易亏损的,是著名的创业陷阱。

第10环

零散度与集中度分析

为什么我带着大量资金进入某一个行业却大败而归?

答:你可能进入了零散度高的行业。

产业集中度的类型

在分析企业的零散度与集中度之前,我们首先来了解一个概念——产业集中度。产业集中度(CR)是指在某一产业中,前n家最大的企业所占的市场份额。市场份额可以选择产值、产量、销售额、销售量、职工人数、资产总额等指标来衡量。在通常情况下,这些指标中用得最多的是销售额。产业集中度用数学公式计算如下:

$$CR_n = C_1 + C_2 + C_3 + \cdots + C_n$$

其中,CR_n表示产业集中度,C_n表示行业中第n大公司的市场份额占整个行业市场份额的百分比,n为市场中包含的公司数量。

一般情况下,我们以某一产业前4家或者前8家最大企业销售额总和所占的市场份额代表产业集中度,即CR_4或CR_8。产业集中度显示某一特定行业中最大公司的市场份额,其范围在0—100%。总体来说,接近0的集中度代表一个行业集中度低,接近100%的集中度代表一个行业集中度高。产业集中度可大致划分为如下4个类型:

(1)完全竞争。完全竞争行业的集中度为$CR_n = n/N$,即所有的公司拥有平等的市场份额。在现实生活中,完全竞争的行业是不存在的,只有可能接近完全竞争。

(2)低集中度。低集中度行业的集中度在0—40%,只有在企业数量众多的行业中,才有可能出现接近0的集中度。

(3)中等集中度。中等集中度行业的集中度在40%—70%。在这个范围内的行业很可能呈现的特征是寡头垄断,寡头垄断指一种由少数具有较大市场份额的公司主导的市场结构。

（4）高集中度。高集中度行业的集中度在70%—100%。此范围内的行业较大概率是寡头垄断，如果行业集中度在100%，则是完全垄断。

美国2017年部分产业集中度数据如表10-1所示。

表10-1 美国2017年部分产业集中度

产　业	8个最大企业所占市场份额(%)
金属矿石开采	76.1
建筑建造	7.8
动物食品	42.2
烟草	94.8
木制品	18.3
钢铁厂和铁合金制造业	71.0
通信设备制造业	45.0
办公家具制造业	28.9
航空运输	73.5
景区观光交通	19.2
无线电及电视广播	58.2
保险公司	24.6
房地产	7.7
表演艺术、观赏性体育以及相关产业	11.2
饭店	6.6

数据来源：美国人口普查局(https://data.census.gov/cedsci/)，《入选行业：2017年美国最大公司集中度数据》，https://data.census.gov/cedsci/table?q=concentration&tid=ECNSIZE2017.EC1700SIZECONCEN。

上述是对于产业集中度比较学术的解释，在管理实践中，我们一般只需把产业分成零散型产业和集中型产业：零散型产业是指在其中许多企业进行竞争，没有任何企业占有显著的市场份额，如女性时装业、广告用品业、水泥搅拌业、创意行业等；集中型产业则是零散型产业的反面，即一家或者几家企业占据显著的市场份额，如钢铁业、汽车业、飞机业等。

零散型行业的特征

下面分析哪些具体因素会造成行业形成零散的特征，反之，就会造成行业呈现集中的特征。

（1）总的进入壁垒低。进入的容易程度越高，该行业就不断有新企业蜂拥而至，就越容易造成分散。比如，在中国，大家非常重视吃，可以说几乎人人都敢去开一家饭店（实际开不开另当别论），因为炒菜几乎人人都会，技术壁垒非常低。类似的还有杂货铺、小超市、沿街服装店等。但如果去开一家律师事务所、软件公司或者精神病院，就不是人人都敢想的了，因此，这些企业相对就更容易呈现集中化的特征。

（2）不存在规模经济或经验曲线。规模经济指随着产量增加，单位成本下降。某一行业规模经济越明显，则该行业就越容易呈现集中化的特征。大型制造业一般都存在规模经济曲线，典型的例子如钢铁行业。钢铁行业的固定成本巨大，在未达到产能极限之前，生产钢材越多，每单位钢材摊薄的固定成本越小。假设生产钢材的设备固定成本为1亿元，如果生产1 000万吨钢材，则每吨钢材的固定成本为10元；如果生产1亿吨钢材，则每吨钢材的固定成本才1元。因此，像钢铁等固定资产投资非常大的企业，产业集中化的现象非常明显。再比如龙虾和黄鱼捕捞业，虽然都是捕捞业，但捕捞龙虾不存在规模经济，捕捞黄鱼则存在规模经济。捕捞黄鱼是用网捕捞，捕黄鱼的规模越大，单条黄鱼的成本越低，因此呈现集中化的特征。而龙虾捕捞是人用绳子钓的，每个人每天捕捞的量有极限，即使规模上去，人均捕捞量也是不变的，因此，龙虾捕捞呈现零散化的特征。

（3）占销售价格比例过高的销售成本。比如，生产普通木质桌椅的企业就容易呈现分散性。普通的木材全国各地均有，且普通木质桌椅的价格在一两百元。

假设在上海有一个生产普通木质桌椅的厂家想要把业务拓展到新疆,它就会发现桌子从上海运往新疆的成本巨大,可能要占到销售成本的50%,要远远高于新疆本地的普通木质桌椅企业,而生产桌椅本身的成本差异微小。运输成本使得生产普通木质桌椅的企业辐射的范围非常有限,难以呈现集中化的特征。但假如一个厂家是专门生产红木桌椅的,一张桌子要卖到几十万元甚至上百万元,这样的企业是有可能有较高的集中度的,因为其运输成本所占销售成本的比例非常低。

饭店呈现零散化也有这个原因,假定在某市有一个巨大的饭店,这个饭店可以容纳10万人同时吃饭,足以辐射全市。这就会导致在该市的边远地区,有人为了吃一顿饭,要奔波几十公里甚至上百公里。奔波几十公里甚至上百公里不仅要花高额的交通成本,也有来回的时间成本,这就一定不如就近找个饭店的成本更低廉,因此,饭店也很难集中化。

(4)销售波动大。大企业要求人员相对稳定,设备连续运行,如果销售波动大,则大企业的成本过高。比如生产烫头用的冷烫精、直发膏、卷发膏等产品的企业,它们是很难做大的。因为烫头发的生意有很强的季节性,一般每年从10月份开始发动,11月份进入销售旺季,到了元旦达到高峰,之后就逐渐呈现下滑的趋势。导致这个现象的原因是中国文化暗示过新年要打扮得好一些,要改头换面过个新年,因此,销售高峰出现在年末和第二年年初。像这样的企业招聘员工,如果规模较小,比如旺季的时候1 000个员工,淡季的时候300个员工,勉强还能操作;如果规模较大,旺季的时候10万个员工,淡季的时候3万个员工,就没法操作了。大企业淡季时如果强行裁员可能会爆发群体事件,如果养着又会使大企业的成本远高于小企业。

(5)创新要求高。对创新要求高的行业要求行业内的企业有较快的反应速度,而大企业的反应速度一般比小企业慢,也就难以形成较高的集中度。最典型的例子如女性服装业、广告设计行业。女性服装款式复杂多变,并且同一款式流行时间较短,往往几个月后就有新的款式取代旧的款式,一旦市场上的需求发生变化,小企业更容易调整方向,设计并生产新的款式,而大企业相对就困难得多。相比较而言,男性服装业就要比女性服装业的产业集中度高得多,因为男性服装对创新的要求偏低,具体表现在男性服装款式不如女性服装那么多样化,并且男性服装随时间的变化较少,一个款式可以流行很久,即便有改动,改动的幅度也不会特别大。

(6) 人员服务成为经营的关键。人是很难标准化的,这导致这类企业很难规模化。典型行业如美容美发、咨询业(包括心理咨询和管理咨询等)。这些公司非常依赖人员的专业水平,规模一旦扩大,就无法保证该公司所有的专业人员水平都在同样的高度。并且,这些企业无法集中化的另一个原因是,人工的劳动生产率是远不如机器的,比如心理咨询行业,一个人平均一天只能做两次心理咨询(实际上做不到,这已经是超负荷工作),算上休息时间,一年最多也就600次。假设一个人从头到尾需要30次心理咨询才能结束,则一年最多也只能做20个人,因此,该行业无法做到大规模生产,也就无法呈现集中化的特征。

也许有人会问,麦肯锡公司不是搞咨询业做得很大吗?要知道,麦肯锡公司成立于1926年,距今已接近百年的历史,经过好几代人的努力才成就了现在的规模,这正说明此行业要想把规模做大难度极高。并且,麦肯锡有许多咨询方法是标准化的,一般的咨询企业也没有能力将非常个性化的咨询标准化。

(7) 违法成为经营的关键。一旦一个行业违法成为经营的关键,只要规模稍大一些,就会引起注意,违法的事情便会暴露,因此,这样的行业只能呈现零散化的特征。

(8) 多种市场需求,甚至个性化产品需求导致产品非标准化程度太高。这一点很好理解,标准化程度越高,就越容易规模化;反之,则越容易呈现零散化的特征。化妆品行业就是如此,对化妆品的需求高度个性化,每个人的需求都不一样。

(9) 本地形象与本地合同是经营的关键。比如酒类,一般在某一地区会有当地的一些品牌,一旦出了这一地区,就很少有人知道。例如,浙江省绍兴市流行喝黄酒,并且有一些在当地比较有名的牌子,如会稽山、古越龙山、女儿红等,而在绍兴周边的城市,如杭州,喝黄酒的人就大幅减少,出了浙江省,笔者相信上述这些牌子绝大多数人压根就没听过。也许有人有疑问,贵州茅台酒不是全国人民都喝吗?像茅台这样的企业是极少数,而且贵州茅台之所以全国有名,存在一个特殊原因——那里的水质量非常好。

（10）退出壁垒过高。退出壁垒过高导致参与竞争的企业很难退出，因而形成零散化的特征。退出壁垒高在本书第9环中已详细叙述，在此就不再赘述。

（11）就近控制和监督是企业成功的基本条件。我们以饭店为例，饭店的核心是成本。用最通俗的语言讲，饭店赚钱的关键之一，就是它们赚到的钱其实是省出来的！要尽可能地节约成本，就需要老板时刻监督底下的人是否有浪费，而时刻监督就意味着规模无法过大。一旦饭店规模稍大，需要委托管理，对浪费的监督就容易失控。

（12）保质期短暂。保质期短暂的产品所处的行业呈现零散化的特征。由于保质期短暂，产品无法长距离运输，就近的企业会更有优势。典型的行业如糕点业，其保质期一般只有1—5天。中国两大牛奶企业之所以有较高的市场份额，比较集中化，原因之一就是其牛奶的保质期长达6个月，如果某款牛奶的保质期为"需冷藏，保质期21天"，则该款牛奶的辐射范围就会大大缩小，可能只能辐射周围几个省。

除上述12条外，导致行业呈现零散化特征的因素还有参与竞争非盈利需求过高、法律禁止集中、控制间接费用十分关键等。

了解了导致产业分散或者集中的因素后，如果我们从这些因素的表象出发进行深入分析，就可以得出导致行业分散或集中的本质是：**一个行业容易集中，表示在这个行业大公司比小公司的单位成本更低；一个行业容易分散，表示这个行业小公司比大公司的单位成本更低。**

针对行业零散度与集中度的决策

下面分析在创业投资时该如何依据行业的零散度与集中度进行决策。

本环节投资决策的关键是：在投资项目选择的时候，最终的融资能力要与产业集中度成正比。换言之，如果资金规模较大，就应该去找能做大的行业；如果资金规模较小，就要去找那些做不大的行业。这么做的原因是，当资金量较小时，如果去做一个可以做大的行业，一旦有大资金进来，其单位成本一定更低，该资金量较小的企业就完全丧失优势，很难在市场上存活。当然，如果资金量足够大，一定要去做可以做大的行业，否则，单位成本会高于小企业，会在与小企业的竞争中落败。在2021年，大多数人进行创业投资的启动资金在几十万元至几百万元之间，这样规模的资金数额不能算大，因此，就不能去搞集中度较高的行业，比如销售规模在几亿元、十几亿元的行业，应该去做那些有较高分散性的行业，否则一旦有钱赚，吸引来一个资金规模较大的竞争对手（如竞争对手有5 000万元资金），竞争对手企业的单位成本一定比该企业低，该企业也就无法在市场上存活太久。

许多人在创业投资时，都在这一点上判断失误了。因为民间流传着这么一句话："要么不做，要做就做大！"加之许多人欲望过大，寄希望于去做一个能够做大的行业，并且总认为只有做大市场才能赚钱，做小市场就不会赚钱，而完全忽略了自己的实力以及做大做小背后的本质。

正确的思路应该是：

> 如果你的投资小，最好选一个做不大的行业，即产业集中度低的行业。
> 等赚了钱，投资规模扩大了，再去做一个产业集中度高一点的行业，逐渐演进，变成富翁。

创业项目评估实例1

投资百亿打造中国最大粤菜自营连锁

有一次笔者在南方某大学EMBA上完课后，一位来自广东的总经理学生向笔者咨询了一个项目，他想融资100亿元，因为他人脉很广，能够筹到不少钱，想打造中国最大的粤菜自营连锁。他问笔者，这个项目如何，可不可以做？

笔者的回答是：这个项目失败的概率极大，属于大资金进入了零散型行业。

笔者在本节中讲过，餐饮行业属于零散型产业。行业分散或集中的本质是，一个行业容易集中，表示在这个行业大公司比小公司的单位成本更低；一个行业容易分散，表示这个行业小公司比大公司的单位成本更低。另外，行业形成零散的特征包括但不限于总的进入壁垒低、创新要求高、人员服务成为经营的关键、保质期短暂等原因。下面我们来仔细分析。

饭店属于零散型行业，很难做大，也很难规模化，创新要求高是形成餐饮业零散化的重要原因。

有读者就会问：某品牌火锅店不是在全国乃至全球开了很多连锁店吗？笔者的回答是：某品牌火锅之所以做大，是因为火锅对厨师的水平要求低，菜品基本不需要创新，菜品和服务可以标准化，反而可以产生规模效应。

但粤菜的特点是精致、创新，是属于对菜品创新要求非常高的餐饮行业，要随时出新的菜品，大公司没有创新优势。对于粤菜馆而言，对厨师的要求非常高，非常依赖厨师的专业水平，连锁店规模一旦扩大，就无法保证找到大量的高水平粤菜厨师长和厨师。

如果想通过中央厨房保证粤菜的高质量，但新鲜度和针对各地顾客的差异性又无法保证，即使在上海，笔者就知道，杨浦区的粤菜馆用盐量比徐汇区的高；另外，使用中央厨房系统的菜馆，遇到小规模粤菜馆竞争时，小菜馆可以推出针对地方特点的个性化菜品，中央厨房系统反而没有优势。

如果放弃自营连锁，改为加盟连锁，创新行业产品无法标准化，完全不符合加盟本质，更加容易失败。

综合以上分析，粤菜馆属于零散型行业，不适合投入大规模资金做连锁。

创业项目评估实例2

投资1亿元做上海最大的移民中介集团公司

自中国加入世界贸易组织（WTO）以来，中国与世界各国的联系更加密切，

第10环 零散度与集中度分析

很多外国人来到中国这个新兴市场寻找机会,也有更多的中国企业开启了跨国贸易。随着他们的事业走出国门,也增加了他们走访海外的机会,很多人因此对子女留学、海外投资产生了浓厚的兴趣,但碍于他们对海外国家语言、文化、法律等不熟悉,所以,近几年移民中介服务的需求也日益旺盛。笔者有位学生,早年从事传统制造业生意,积累了一些财富,看到日益旺盛的出国需求,也想在这个行业有所投资,就跑过来咨询笔者,他打算投资1亿元,在上海做最大的出国中介服务机构,帮助中国企业家进行海外投资,希望笔者对该项目的成功率作出评估。

笔者听完这个项目后,没有给他留一丝情面,坚定地否定了这个投资项目,原因在于:这个项目的失败率极高,投资1亿元太多了,属于大资金进入了零散型行业。

按照我国现行的外汇管理制度,每人每年仅有5万美元的外汇额度,而且禁止借用亲友额度筹集外汇资金,外汇也是禁止用于海外投资的。如果移民中介公司要想帮助客户完成海外大额资金投资,势必会涉及违法经营。就如前文提到的,一旦违法经营成为企业经营的关键,只要企业规模稍微大一些,就一定会引起执法者和社会群众的注意,社会群众会将你违法经营的行为向媒体或是执法机关曝光或举报,执法者会惩罚并停止你的企业经营。因此,整个行业会呈现零散化的特征。再次强调,对于违法经营的企业笔者从任何角度都是坚决反对的,仅从学术理论上推演,这种企业也不可能做大,仅可能短期以小规模的形式存活,所以投资1亿元,如此大规模的资金对这种企业的发展经营没有任何作用,并不会因为企业资本的增加而使规模扩大,行业零散度高的特征就决定了这种企业很难做大。

第11环

产品生命周期阶段评估

如果要创业投资,当资金量有限时,产品从哪个时期切入最有利?

答:成长期。

世界上万事万物都有生命周期，比如地球上的所有生物都会经历出生、成长、繁衍、死亡几个阶段。比如，物种皆有生命周期，都有从诞生到灭绝的过程。老鼠目前是成长期，生命力顽强；人类已进入了成长期后期，估计再过两三百年就进入彻底的成熟期；而熊猫则是衰退期，挽救可以延缓其灭绝的速度；恐龙已经灭绝，我们只能从其化石中一窥究竟。再如，太阳也有生命周期，太阳正处于壮年期，据科学家估算，太阳的寿命还有50亿年，总有一天终将消失。如果我们翻看历史，就会发现任何朝代都有生命周期，都会经历诞生、发展、兴盛、衰亡几个阶段。所有的产品也不例外，都会有一个生命周期。

> **产品生命周期**，是指产品的市场寿命，即一种新产品从开始进入市场到被市场淘汰的整个过程。

产品生命周期的四个阶段

产品生命周期有四个明显的阶段，每一个阶段都有其在本时期独特鲜明的特点，分别为引入期、成长期、成熟期和衰退期。

（1）引入期。这个阶段是公司最烧钱的时期，因为要推出新产品，加上新产品的市场占有率不高，销售额低（尽管可能前景不错）。此外，研发费用、需求调研以及产品上市前的准备都可能花一大笔钱。

（2）成长期。成长期的特点是销售额和利润的迅猛增长，公司已经开始从生产的规模经济中获利，并且利润率和利润总额将增加。在这一阶段，公司往往会投入更多的钱用于产品宣传，以最大化挖掘客户资源。

（3）成熟期。在此期间，产品已经非常成熟，厂商的目标是保持已经拥有的市场份额。对于大多数产品和企业来说，这可能是竞争最激烈的时期，不仅如此,厂商还需要致力于产品的修改以及生产过程的改进,以便带来竞争优势。

(4)衰退期。在这个阶段,产品的市场份额开始萎缩。这种萎缩可能是由于市场变得饱和(所有有可能购买该产品的客户都已经购买了该产品),或者是因为消费者正在寻求不同类型的产品。虽然这种衰退不可避免,但仍有企业通过向成本较低的生产方式转型或转向更廉价的市场等方式来赚取利润。值得一提的是,尽管有些商品会在成熟期停留很长一段时间,如可口可乐、肯德基等,但最终这些商品将会退出市场。退出的原因包括但不限于市场饱和、竞争加剧、需求下降、销量下降等。

产品生命周期如图11-1所示。

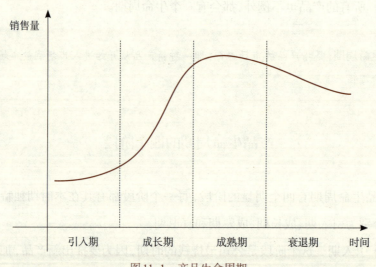

图11-1 产品生命周期

图11-1中,横坐标代表时间,纵坐标代表销售量,随着时间的推移,产品销量会经历从缓慢增加到快速增加,到平稳,再到下降的过程。下面我们就来详细叙述这四个周期。

1. 第一阶段:引入期

产品生命周期阶段的第一个阶段是引入期。任何正在推出新产品的企业都需要意识到,这一初始阶段可能需要大量的投资。这并不是说在这个阶段花更多钱就能保证产品的成功,而是说要在研究开发新产品和新产品可能带来的回报中进行权衡,并制定相应的有效营销计划,使新产品最大化地实现这种回报。

引入期可能面临的困难有:

(1)市场占有率低或者没有市场。当新产品推出时,通常没有市场,或者说市场占有率非常低。这就意味着一开始销量会很低。有时候,一个伟大的新产品或吸引人的营销活动也能引起轰动,使销售量飞涨,但这些通常都是特殊情况,绝大多数产品销量的增长还是需要时间和努力的。

(2)高成本。几乎没有产品是在没有研究和开发的情况下创造出来的,一旦它们被创造出来,制造商们将需要在营销和促销方面进行大量投资,以便于使新产品获得成功。营销和促销都需要花费大量资金,而在某些产业,这些成本可能要高达几亿元甚至几十亿元。

(3)公司面临损失的可能性极大。所有公司在产品生产初始阶段都会做好亏损的打算,这些亏损的金额和持续时间又因市场而异。一些行业可能很快会开始盈利,而其他行业可能需要数年的时间才能盈利。

引入期的优势有:

(1)竞争不激烈。如果某家企业生产出一个全新产品,使得其成为市场上第一个生产和销售它的企业,缺乏直接竞争将是一个明显的优势。首创产品可以帮助一个公司赶在其他公司推出竞争产品之前抢占很大的市场份额,在某些情况下甚至可以使企业的品牌成为整个行业的代名词。

(2)产品价格高。推出新产品的制造商通常要价颇高,远高于市场平均价格。这是因为早期消费者对价格并不敏感。如果可以打开销路,公司就有较大概率收回成本。然而,在某些情况下,一些企业可能会采取完全相反的做法,提供相对较低的价格,以便于刺激市场需求。

2. 第二阶段：成长期

重点提醒：资金不大的创业和投资，在成长期进入是最佳选择！

成长期是产品生命周期的第二个阶段，对于大多数企业来说，这是确立产品在市场中地位、增加销售额和提高利润率的关键阶段。在成长期，企业主要通过开展营销和促销活动、降低制造成本、刺激消费者需求等方式来实现这一阶段的发展要求。标准产品生命周期曲线显示，利润在成长期处于最高水平。

成长期可能面临的困难有：

（1）日益激烈的竞争。当一家公司第一个将产品引入市场时，他们几乎没有什么竞争。然而，随着消费者对其产品需求量的增加，公司进入产品生命周期的成长期时，因为新的企业希望从一个新的、发展中的市场中获益，原公司将面临更激烈的竞争。

（2）更低的价格。在成长期，公司通常可以向早期消费者收取高额价格。然而，为了应对成长期进入市场的竞争对手，企业不得不降低价格，以实现预期的销售增长。

（3）不同的营销方式。成长期的营销活动往往围绕着新产品的发布进行宣传。一旦产品建立起来，不再是全新的，就需要更复杂的营销方案，以便充分发挥这一阶段的增长潜力。

成长期的优势：

（1）成本降低。在整个新产品开发和营销过程中，如果说引入期是整个产品生命周期中成本最高的阶段，成长期就是整个周期中制造商最赚钱的阶段。随着产量的增加，企业能够通过规模经济来降低成本。

（2）消费者消费意识提高。在成长期，越来越多的消费者愿意购买该产品。这意味着市场规模开始扩大，消费者对产品的需求也将更大，这些都将导致成长期的销售量急剧增长。

（3）利润增长。随着成本的降低和销售额的显著增加，大多数制造商在成长期的利润都会增加,无论是总体利润额还是单个产品的利润率,均是如此。

3. 第三阶段:成熟期

经过引入期和成长期,产品进入成熟期。产品生命周期的第三个阶段对制造商来说是一个相当具有挑战性的时期。在前两个阶段,公司试图建立一个市场,并通过增加产品的销售来获得尽可能大的市场份额。然而,在成熟期,大多数公司的首要任务是在面临众多挑战时,如何保持其市场份额。在这一阶段,只有那些寻求创新方法使自己产品更具吸引力的公司,才能保持甚至提高其市场份额。

成熟期可能面临的困难有:

(1) 销量达到高峰,难以增长。在发展阶段销售稳步增长后,由于新客户减少,市场开始趋于饱和。大多数打算购买产品的消费者已经购买了该产品。

(2) 市场份额下降。成熟期的另一个特点是大多数企业都在争夺市场份额。在产品生命周期的这一阶段,竞争往往达到最为激烈的水平,因此,企业要保持其市场份额就变得越来越具有挑战性。

(3) 利润开始减少。虽然这一阶段可能是整个市场利润最大的时期,但这一阶段也是大多数企业利润减少的开始,因为利润必须要在市场上的所有竞争对手之间分享。并且,由于销售额在这一阶段达到顶峰,任何失去市场份额的制造商都会面临随后的利润下降。当竞争对手的数量之多迫使制造商中的某些人试图通过降低价格的方式来吸引更多的客户时(互相之间打价格战),在这一阶段也会看到价格的下降导致整体利润下降。

成熟期的优势:

(1) 成本持续降低。正如成长期的规模经济有助于降低成本一样,在成熟期也将导致企业更有效地大量生产某些产品,从而进一步降低成本。

(2) 通过差异化、细分化提高市场份额。虽然市场在成熟期达到饱和,但制造商仍能通过差异化、细分化增加其市场份额和利润。

4. 第四阶段：衰退期

衰退期是产品生命周期的最后一个阶段，衰退期通常意味着产品在不久后将退出市场。经典的产品生命周期曲线显示，衰退期销售和利润的下滑都非常明显。对一些公司来说，只要产品仍能盈利，公司便继续生产；一旦利润没了，就立即撤出。根据所涉及的特定市场，一些公司可能通过寻找新的、更便宜的市场来延长产品的寿命。

衰退期可能面临的困难有：

（1）市场需求量减少。在产品生命周期的最后阶段，产品的市场将开始缩小。消费者通常会停止购买这种产品，转而购买更新、更好的产品，制造商通常也无法采取有效措施来防止这种情况的发生。

（2）销售额和利润大幅下降。由于市场的衰退，销售额将开始大幅下降，制造商可获得的整体利润将开始下降。这是大势所趋，企业通常无论怎么做都无法扭转这种趋势。

（3）产品退出。最终，对于大多数公司来说，它们不再从产品中获利。并且由于无法扭转这种下滑趋势，它们的选择是停止产品的生产和销售，退出市场。

在衰退期，企业也是有可能有优势的。企业能获得更便宜的生产经费。即便是在衰退期，一些公司仍能在销售中盈利。方法是通过寻找替代的制造方法，使用不同的技术，或者将生产转移到另一个地点来降低成本，达到延长产品盈利寿命的目的。

产品生命周期举例

1. 打字机

产品生命周期的一个经典例子是打字机。

在打字机问世以前，人们都是以纸和笔进行书写。在19世纪末，打字机首次出现,它的出现大大提高了写作的便捷性和效率。然而,在打字机的引入期,其销量非常有限——在其刚进入市场的前6个月,仅仅销售了400余台;在第二年,打字机的销量也仅有4 000余台。随着打印机逐步深入市场,它越来越受欢迎,进入成长期。在成长期,打字机的销量迅速增加,当时,较大的打字机生产厂商每一日的产量就达1 500台。美国打字员的数量也从1890年的2.2万人迅速上升至1920年的78.6万人。此时,打字机处于成熟阶段,各企业之间竞争激烈。再之后,新的电子技术,如台式电脑、笔记本电脑,甚至智能手机迅速取代了打字机,打字机进入衰退期。现在,全世界几乎只使用电脑或智能手机来打字,打字机也退出了历史的舞台。

2. 洗发水

在洗发水进入中国之前,中国人都用肥皂洗头。当宝洁公司第一次把洗发水引入中国时,在许多人眼里,洗发水是一个相当新奇的东西,只有极少数的人会使用洗发水洗头。这时,洗发水处于引入期。随后,宝洁公司投入大量的广告,广告的费用可能高达几十亿元,来改变中国人的生活习惯。逐渐地,市场被打开,越来越多的中国人开始接受使用洗发水洗头。此时,洗发水进入成长期,大量的竞争者蜂拥而至,想要在巨大的洗发水市场上分一块蛋糕。那时,人们购买洗发水都是喊"我要一瓶洗发水"而无所谓洗发水的品牌与质量。随着竞争越来越激烈,洗发水市场趋于饱和,许多企业在竞争中失利,纷纷退出市场。现在,洗发水处于成熟期,市场上已经形成了几大品牌,人们也不再随便买洗发水了,消费者购买洗发水一般只会选择几个大品牌,他们买洗发水时喊的是"我要某某牌洗发水"或者"我要×××代言的洗发水"。

产品生命周期投资建议

了解了产品的生命周期后,接下来的问题是,在这四个周期中,最容易赚钱的是哪一个？换言之，如果要创业投资，当资金量有限时，产品从哪个时期切入最有利？答案是：成长期。成长期的特点是销量急剧增长，这时候消费者需求旺盛且品牌意识不强，最容易赚钱。如果切入过早，比如在引入期，此时市场需求不强烈，需要大量的营销宣传费用来教育市场，而到了成熟期，消费者的品牌意识非常强，同样很难切入。笔者见过许多人赚钱都是利用了产品的成长期，他看到某个产品进入了成长期，就切入进去，此时，由于需求急剧增长，非常容易赚钱；到了成熟期竞争激烈了，再退出来。过一段时间，又发现一个新产品进入了成长期，再切入进去赚一笔，等到成熟了再退出来。

换言之，过早进入或者过晚进入，赚钱的难度都提高了。

过早进入者，比如在引入期进入，市场对新产品是没感觉的，如果是前沿高科技产品，还容易被市场认为是骗子，企业需要花大量的金钱去教育市场，实质是做科普活动，代替了各地政府科学技术委员会的工作，本质是做公益活动。很多引入期进入的高科技企业，还没有活到成长期，由于资金枯竭，企业就撑不下去了。

过晚进入者，竞争非常激烈，自然投资回报率是很低的，特别是衰退期进入，整个行业的总需求在萎缩，现有竞争者之间在进行残酷的斗争，赚钱是非常困难的。

那么，是不是意味着任何企业或者投资都必须成长期进入呢？不是的！关键是看你的资金有多少，或者你的融资能力有多强。如果资金比较充裕，当然可以在引入期就进入，一直做到成熟期、衰退期结束。

创业项目评估实例1

投资2 000万元在上海建心理学幼儿园

随着社会的进步和生活水平的日益提升，人们对自身的心理健康的关注度也大大加深。心理学所衍生出的各类新兴行业渐渐地得到了市场的认同，各领域培养出的心理学专业人才在各行各业中崭露头角，也有许多人想在心理学的相关行业寻找机遇。

近些天，就有人来咨询笔者有关在上海投资2 000万元做心理学幼儿园的项目，希望笔者对项目的成功率作出评估。笔者的意见是：这个投资项目的失败率很高，因为为时太早。

现阶段家长们为了让孩子赢在起跑线上，热衷于给孩子报名参加各类培训班，此类培训班也琳琅满目，从孩子的课内辅导一直延伸到课外兴趣、爱好培养。鉴于家长们如此疯狂的脑热行为，这个项目主持人就着眼于孩子的心理健康培养及性格培养，推出了心理学幼儿园的项目。学龄前儿童能在此类心理学幼儿园里提前接受提高行动力专项培养、提高抗挫折能力专项培养、创新能力培养、沟通能力培养、感恩心的培养、提高诚信的培养等教育，通过心理方面一系列基本素质的提升，继而这些孩子能在今后人生发展的路途上少走弯路，以更强大的姿态迎接社会的考验和挑战。

表面上乍一看，创业者这一美好的蓝图和先进的创业理念值得称赞，但审视该项目的本质，笔者必须要指出"投资2 000万元在上海建心理学幼儿园"的创业项目在产品生命周期角度的错误，这一超前的创业理念在2021年的中国教育市场中仍处在初期，即产品引入期，处于引入期的产品在市场里的销量不温不火，并且销售成本巨大，其利润很少或者为零，甚至为负数。因为，此类产品广告宣传的成本很大一部分投入是用于对市场上的广大消费者进行科普教育，并且相对于整个庞大的教育市场而言，2 000万元的投资并不能达到教育市场的目的，所以，这部分宣传费用的回报率极低。大家要牢记：对客户有好处并不等于客户有需求，开拓一种全新的消费模式是需要花大价钱教育市场的，而且教育市场的好处并非你一家独享，而是好处大家均沾，成本一家独挑。

因此，笔者对这个创业项目评估案例给予失败率极高的判断。

产品生命周期处于引入期或创业理念超前的失败案例比比皆是。早在20世纪90年代末，团购网站在美国遍地开花。不过，在互联网泡沫破裂之后，包括

Mercata、Zwirl等在内的大大小小的团购网站无一幸存。美国十几年前提供当日送达服务的项目让众多投资人几十亿美元打了水漂。仅有少部分企业坚持了下来,时至今日才能实现小规模的盈利。显而易见,那个年代的市场对于此类产品的接受度并不高。

对于多数钱不多的创业者而言,正确的创业理念应该是:略微超前,但不能超前很多。当然,如果你的资金非常充裕,不怕长期亏损,着重于后期赚钱,比如上述这个项目,准备投资20亿元,预计亏损15年,那也不是不可以考虑,当然,机会成本也是很大的。

创业项目评估实例2

投资10万元开网店进行房树人图画心理分析

笔者在西方心理学基本理论的基础上,根据中国人的心理特点,在总结大量案例和精确的数理统计分析后发展出了一系列识别、洞察人心或说潜意识分析的心理学实操技术。房树人图画心理分析就是其中的一项。

这套技术的实用性极强,应用面极广。例如,在企业中可用于识别干部是否适合被提拔、招聘中鉴别人才、反贪反腐等;在婚恋领域可以用于了解伴侣、婚姻匹配、预防出轨等;在亲子教育领域可以理解孩子的内心、了解孩子的天赋特点以激发潜能。这套房树人图画心理分析技术在国内是非常先进的,准确率极高。

笔者曾将这门技术通过授课的方式传播出去,因此,社会上也有少部分人懂得这门技术。笔者的一位学生将这门技术学习得很好,他发现这项技术非常好用,大大节约了识别人的成本,他向亲朋好友展示了这门技术,亲友见识后也惊讶于该技术的高准确性。时间长了,亲友们招聘人或者交男女朋友的时候也会请教他,甚至付费请教他。这位学生在其中看到了商机。他觉得社会需求如此强烈,而社会上也没有可提供类似的高质量服务的机构,因此,如果他在网上

第11环 产品生命周期阶段评估

开一个专门用于鉴别人的房树人图画心理分析的店铺,必定会大火。他先后投资了10万元,将这个店铺开起来了。结果,市场的反应大大出乎他的意料,网店门可罗雀,几乎无人光顾,很快就维持不下去了。

这位学生很苦恼,后来他向笔者请教,为什么产品这么好,而且市场也有需求,理应生意大火才对,最终却落得个创业完全失败的下场呢?

实际上,这位学生犯了个错误,他没考虑到产品的生命周期问题。一个产品的生命周期,可以分为引入期、成长期、成熟期和衰退期。对于投资不大的项目,过早或者太晚进入某行业都不合适。

对于中国市场而言,房树人图画心理分析这项鉴别技术就处在引入期。一般一个产品处在引入期是需要先研究和开发的,而且研发的成本常常很高,由于房树人图画心理分析这项技术是笔者研发的,对这位创业学生来说这项成本已经极低了。

除去研发成本外,处在引入期的产品常常是没有市场的。提到洗发水大家知道是洗头发用的,提到汽车大家知道是交通用的,提到手机大家知道是通讯娱乐用的,但提到房树人图画心理分析这个词,中国的普通老百姓大多数都没有听过,更不要说知道它能够鉴别人了。房树人心理技术在西方发展了很多年,这些国家的百姓对这项技术是有了解的,但对中国人而言这项技术显得太过先进。即使你宣称这项技术可以鉴别人,老百姓对这样陌生的技术也不会相信的。因此,这个产品在国内是没有市场的。

如果要推广这项技术,就需要在老百姓或特定人群中科普相关概念、知识,而这样的科普成本是巨大的,常常需要几个亿、几十个亿甚至数百亿的费用来教育市场。经历过大量的广告、科普,普通人才可能建立起对该产品的认知,而10万元的投资显然是做不到的。

笔者再次提醒,从产品生命周期的角度看,资金不大的投资和创业,进入某产品市场不是越晚越好,但也不是越早越好,最好选择在产品的成长期进入。

第 12 环

核心竞争力分析

核心竞争力的关键是什么?

答: 核心竞争力的关键是难仿效的竞争优势。

核心竞争力的概念

核心竞争力的概念由C·K·普拉哈拉德（C. K. Prahalad）和加里·哈默尔（Gary Hamel）于1990年首次提出，他们联合撰写了一篇题为《企业的核心竞争力》的文章，发表在《哈佛商业评论》杂志上。在这篇文章中，这两位作者指出，核心竞争力是企业独一无二的优势来源，能使一家公司做得特别出色，而且没有其他公司能迅速复制到足以影响竞争格局的程度。这篇文章还提到，企业的核心竞争力应该满足以下三点：

（1）核心竞争力能够为公司进入多个市场提供方便。

（2）核心竞争力使企业能够从生产顾客所需的产品中获得巨大回报。

（3）竞争对手很难模仿核心竞争力。

笔者认为，企业核心竞争力的关键是难仿效的竞争优势。对于某一家企业而言，别人模仿它的竞争优势的成本越大，难度越高，则它的核心竞争力越强；别人模仿它的成本越小，难度越低，则它的核心竞争力越弱。

要注意，一家企业的优势不一定是核心竞争力，而是要看这个优势是不是难以仿效，即别人模仿的成本大不大，只有难以仿效，才称之为核心竞争力。很多项目介绍优势一大堆，却没有一项优势是核心竞争力，投资或者创业这种项目的失败率是非常高的。

核心竞争力表面看似非常简单，实则许多人将非核心竞争力误认为是核心竞争力，即把普通优势看作核心竞争力，造成投资项目选择或者创业失败。

笔者再次温馨提示：

> 核心竞争力分析的关键是看形成这项竞争力的成本大小，或者说难易程度。

比如，有人声称在地级市做土方生意（包工头）赚了七八千万元，现在生意越做越大，急需融资，所以开放股权，让大家都过来投资，一起赚大钱。这样的项目有极高的概率是假的，因为做土方生意没有核心竞争优势。就算是运气好，他进入得早，管理水平高，也最多赚几百万元，一旦做得更大一些，由于没有核心竞争力，周围一定有大量的人纷纷仿效进入，利润马上就会降低。

再如，有一个项目是卖新疆羊肉串。有人声称这个项目会非常赚钱，因为他可以找到土生土长的新疆人来做羊肉串，不仅羊肉串的味道跟正宗新疆羊肉串一模一样，并且还采用富有新疆特色的方式进行吆喝："乌鲁木齐大草原，到处都是羊肉串……"

这个项目赚大钱的概率也极低，因为没有核心竞争优势。在目前的中国，要雇几个土生土长的新疆人难度并不高，并且即使雇不到新疆人，羊肉串的制作与吆喝也比较容易学习，难以形成难仿效的竞争优势。我们把羊肉串这个项目进行延伸，就会发现除了羊肉串，绝大部分的饭店、奶茶店、小吃店等都存在类似的问题，无论菜做得多么好吃，无论店内装修得多么有特色，都非常容易被模仿，难以赚到大钱。

比如有人宣称，投资50万元，开水果店每年能赚300万元！在本书写成的2021年，这件事情真实的概率是非常低的，因为该项目缺乏核心竞争力。筹资50万元是一件很常见的事，能做到这些的人实在太多了，如果赚钱这么容易，全世界就没有贫困问题了，只有在非常特殊的时期，比如40年前，在计划经济向市场经济转轨的短时间内，商品从生产到消费者的贸易渠道极其缺乏，由于投资者走在时间前面，这样高的盈利率是可能的。

比如，到了2021年，散户入市炒股，为什么失败率特别高？因为散户炒股没有核心竞争力，如果散户成功率高，用归谬法就可以导出一个荒唐的结论：人人都容易发大财，这和现实是不相符的。当然，40年前大家都不敢炒股，投资股权的散户是可以发财的，但时间特别短。

比如，有人在中国非常偏远的村子里开便利店，本来村子里的人要买东西需要跋山涉水十几公里，现在在附近就可以购买东西。在刚开始大家都没有考虑到要开便利店的时候,第一个开店的人可以赚取超额利润,但随着时间的推移,越来越多的人发现开便利店可以赚钱,由于开便利店没有核心竞争力,其利润水平很快就会恢复正常。

比如,为什么开小饭店的失败率特别高?在2021年的中国,成年人几乎都会炒点菜或者很容易学会炒菜,而开小饭店的投资又很小,创业开小饭店的人特别多。但我们从中找不到难仿效的竞争优势,也就是没有核心竞争力,所以,开小饭店的失败率特别高,开小饭店已经成了一个创业的大坑,消灭了无数中产阶级,这是创业者要千万注意的。

有些项目表面看似非常高大上,有许多先进的技术,但只要容易仿效,就不是核心竞争优势。比如,有一个项目是做线上拍卖系统,使用计算机完全模拟真实拍卖从出价到成交的过程,自动撮合交易,不需要人工干预,并且可以保证拍卖的公平性。这个项目看似用到了许多计算机和互联网技术,实则应用到的技术都非常成熟,几个普通程序员即可完成,没有核心竞争力。如果在20年前的中国,该项目是有核心竞争力的,因为当时互联网技术才刚刚起步。

核心竞争力举例

笔者已列举了部分没有核心竞争力的例子,下面再列举一些已经成功的公司,分析它们的核心竞争力究竟在哪里。

1. 海底捞

1994年3月,第一家海底捞火锅在四川省简阳市开业,当时只有四张桌子。这家饭店与其他饭店看上去没有什么不同,唯一的区别在于,海底捞的创始人也兼厨师,他不太会炒火锅底料,经常是左手拿书,右手拿着炒菜勺子炒料。海底捞就在这种情况下一步步发展。截至2019年,海底捞的财报显示,公司全年实现收入265.56亿元,净利润23.47亿元,同比增长42.3%。门店数量方面,海底捞全球门店共计768家,其中,716家位于中国大陆,52家位于中国香港、中国澳门、中国台湾及海外。此外,海底捞在2019年的翻台率为4.8次/天,远超同行业竞争对手。截至2020年年底,海底捞的市值已经突破3 000亿港元,稳居中国餐饮上市企业第一名的宝座。

也许有部分读者看到这里会有一些不解,因为笔者前面提到,在中国开小饭店的失败率特别高,那么海底捞为什么会做大呢?其核心竞争力究竟在哪儿呢?有人认为是海底捞食材新鲜,也有人认为是海底捞标准化程度高、成本低,还有人认为是海底捞营业时间长,因此,房租成本占总成本的比例低。这些确实是海底捞的优势,但都是比较容易仿效的,笔者倾向于认为,这些并不是海底捞的核心竞争力。海底捞真正的核心竞争力是服务。

去过海底捞的人都知道,海底捞的服务是所有餐厅里面最好的。海底捞在用餐前会提供围裙、装手机的透明胶袋、眼镜布、头绳,并且经常赠送点心、水果、菜肴等。在用餐的过程中,海底捞基本可以做到在顾客开口之前,就主动加茶添水,及时清理桌面。只要使一个眼色,服务员就会面带微笑地走过来,给予贴心的服务。据说,海底捞的洗手间只要有人用过,就会立即清洁一遍,保证洗手间一直处于干净、整洁的状态。此外,海底捞还有一些特色服务,比如过生日有人专门唱生日歌,以及有专业人员表演川戏变脸等,只有顾客想不到,没有海底捞做不出来的。总之,小到洗手池旁有专人挤洗手液、递纸巾,大到帮忙带孩子,可谓无微不至。在海底捞的排队等候区,不仅有舒适的座椅、各种免费饮料、零食、点心,还为顾客提供美甲、擦鞋等不应该是饭店提供的服务。有人调侃道:"海底捞就差喂我吃饭了!"

海底捞这样的服务在全球几百家门店均是如此,如果仅是少数几家门店做到这样,还不算稀奇,但要把全世界的服务员都训练成对顾客提供极其周到的服务,是一件极其困难的事情。不可否认的是,餐厅的服务员一般学历偏低,综合素质偏低,训练难度高。为此,海底捞专门建立了人才培养中心,取名为海底捞大学。在海底捞内部,一定有一套非常完备和科学的方法可以培养出服务意识极强的服务员,这是其他饭店无法模仿的,也就成了海底捞的核心竞争力。

2. 苹果公司

苹果公司可以说无人不知，无人不晓。截至2020年年末，苹果公司市值排名全球第一位，超过2万亿美元。苹果最家喻户晓的产品是苹果手机（iPhone），自2007年第一款苹果手机问世以来，苹果手机不仅给苹果公司带来了丰厚的利润，甚至还改变了整个手机行业以及所有人的生活方式。我们简单列举以下几点：

（1）苹果手机取消了屏幕按键。在苹果手机之前，所有手机都有一个键盘，至少要占整个手机的1/3，而苹果只有简单几个按键，整个手机几乎只有一个大大的屏幕。自苹果手机以后，许多手机制造商都采用了同样的布局，抛弃了大多数实体按键，我们现在用的智能手机大多沿用这种设计。苹果甚至就此提起诉讼，指控三星抄袭其设计。

（2）苹果虽然不是第一个发明触屏的手机厂家，但苹果手机取消了触控笔，是第一个支持多点触控的手机，我们使用的单指滑动、双指缩放等功能都源于苹果手机。这个在现在看来非常稀松平常的功能在当时是革命性的，同样地，现在所有智能手机都有这一功能。

（3）苹果手机替代了随身携带的许多东西。有了苹果手机，就再也不需要闹钟、车载GPS、音乐播放器、手电筒、相机甚至手提电脑，一部手机就可以解决我们日常生活或者娱乐的绝大多数问题。这在当时也是一个巨大的变革。据照相机和影像产品协会[①]的统计，相机的销量从2010年的1.09亿台猛降至2018年的900万台。发展到现在，我们出门在外，啥都可以不带，只需要带两样东西，一是智能手机，二是充电宝——为了保证手机有电。

苹果公司能够有如此高的成就，其核心竞争力是创新。在苹果推出第一款手机时，手机并不是一个全新的东西，已经有了十几年的历史，且当时已经存在诺基亚、摩托罗拉等巨头，想要撼动这些巨头的地位绝非易事。但是苹果敢于打

---

① 感兴趣的读者朋友可访问其网站：https://om.co/。

破手机设计上的条条框框，设计出一款从外观到功能都与之前既定款式有巨大差异的手机。苹果手机的设计并不是漫无边际的狂想，而是实实在在地满足了用户的需求，简化了用户的操作，使得整个社会的运转效率提升。此外，这些创新也都是在当时的技术条件下可以实现的，虽然第一款iPhone在价格上要高于其他手机，但多数消费者也可以接受。这样的创新能力是一般公司无法模仿的，并且与苹果公司前CEO史蒂夫·乔布斯有很大关系，具备像乔布斯这样有极高创新能力和管理能力的人在世界上屈指可数。

通过以上诸多案例分析，我们会发现要取得核心竞争力并不是一件容易的事情。如果一个项目没有核心竞争力，它即便能赚钱，也只是赚一些快钱，就是走在时间的前面，趁大家还没有意识到这是一个赚钱机会的时候捞一笔。一旦许多人意识到这是一个赚钱的项目，就会有大量的人进入，这个项目也就很难再赚大钱了。做这种投资要立足于短期计划，赚钱的目标也要足够小，只赚一点点，在众多投资者蜂拥而进前，退出这个领域。一般而言，这种挣快钱的项目，投资额最好小一点，以减少风险，或者投资虽然大，但退出必须非常容易，就是退出成本低，兑现现金速度快，资产流动性强。其实，这种项目是极其难找的，而且这种项目只适合有魄力的人投资，因为听到这种项目后，绝大多数人都是犹豫不决、患得患失的，不敢投资，而只有有魄力的人才会青睐。

总之，没有核心竞争力的项目要谨慎投资，谨慎创业！

创业项目评估实例1

为何2020年前P2P的失败概率高

P2P指互联网金融点对点借贷平台，是将小额资金聚集起来借贷给有资金需求人群的一种民间小额借贷模式。在中国，P2P的发展可谓是大起大落。最早的P2P平台成立于2006年，一开始，P2P平台不温不火，直到2011年，P2P平台数量开始快速增多，到2012年，中国P2P平台呈爆发式增长，达到2 000余家，最高峰时达到5 000余家。然而，好景不长，到2015年，P2P就频繁被曝出问题，累计问题平台占P2P整体平台数量的30%。到2018年，更是出现了P2P的"爆雷潮"，大批量的P2P公司倒闭。后来，国家出台政策，要求所有P2P公司退出，到2020年年底，P2P公司数量已完全归零。

从中国P2P公司大起大落的历史中可以看出，除最后一小批约几十家P2P公司是由于国家出台政策而被取缔之外，绝大多数公司都是由于自身经营不善而倒闭。为什么P2P公司的失败率如此之高？笔者的答案是，绝大多数公司都缺乏一项核心竞争力，这一核心竞争力就是准确判断贷款人的违约概率。

众所周知，如果我们要贷款，第一选择是银行，因为银行的利率相对民间借贷要更低。但是，银行并不是所有人来都会借款，每家银行都有一套评估标准，会综合考虑一个人的年龄、职业、家庭情况、财务状况等，只有符合标准的人才会通过审批。当然，我们并不否认银行的评价体系还不完美，大量有还款能力的人被拒之门外（这也是导致P2P得以发展的重要原因之一），但还是大体识别出还款倾向较强的人。因此，P2P公司经营的核心就是要准确判断出，这些被银行拒绝借款的人，哪些人的违约倾向强，哪些人的违约倾向弱，违约倾向强的就不予借款。只有判断的准确率比竞争对手高，才有可能在众多的竞争对手中胜出。如果回过头来观察前几年倒闭的那些P2P公司，就会发现绝大多数都没有判断借款人违约倾向的能力——许多公司只要借款人提供非常简单的基本信息，如姓名、性别、年龄、手机号、亲友手机号等就可以给予数千元甚至数万元额度的贷款。事实上，单凭这些信息无法判断出借款人的违约倾向。这在实践中风险是极大的，因为这些客户本身就是被银行筛选后违约倾向偏高的。

创业项目评估实例2

融资800万元在中国采购人造皮草大衣销往欧美

有人来咨询笔者，以下项目成功的概率如何。本项目准备成立一家公司，专做人造皮草大衣,并通过亚马逊平台销往欧美,主要客户是欧美的女性。人造皮草的特点是采用化工原料制成,而中国是生产人造皮草的大国,因此价格特别低廉,与国外的竞争对手相比有非常明显的价格优势。本项目的创始人是中国人,在服装行业有10年的工作经验,一直从事中国女性服装的销售工作。虽然该创始人并未出过国,但他有在外资企业的工作经历,英文水平较高,可以跟外国人轻松交流。此外,该创始人也有一定的融资能力,预计可以融资800万元。

笔者的结论是,本项目虽然存在成功的可能性,但失败的概率极高,原因是该项目缺乏核心竞争力,创业者难以摸清欧美女性的消费心理变化。

本项目表面上看具有成本低的优势,并且创始人在服装行业有丰富的工作经验,也能融到数额相当的资金,因此,很多人都很看好这个项目。但是,我们在评估一个项目时,不能只看到其优势,只要该项目存在明显的弱点,就应该判定该项目的失败率很高。

本项目最大的问题在于,该项目缺乏核心竞争力。对于女性服装来说,最关键的环节是衣服的款式,即设计出来的衣服要符合广大女性的审美需求,要让她们觉得这样的穿着是漂亮的、得体的,是可以提升自身气质的。并且,女性服装的款式变化非常快,往往同一款式流行的时间只有数月。如果女性服装公司想要在竞争中脱颖而出,就需要其能够敏锐地洞察女性服装的流行走势,一旦发现流行的款式发生变化,公司要迅速调整方向,转而生产并销售未来将要流行的款式。

本项目创始人是一名中国人,从未出过国,对外国人需求的把握大概率是不准的,不具备设计或预测流行款式的核心竞争力。心理学中有一个概念叫投射,即我们每个人都有以己度人的倾向,该创始人在中国环境中长大,无论其如何设身处地地站在欧美人的角度来进行服装设计,都或多或少地会从中国人的角度出发,从而对欧美人的需求把握存在偏差。在把握需求方面,一定是欧美人判断欧美人的需求比中国人判断欧美人的需求要准确得多,因此,他在与外国本土公司的竞争中将处于绝对劣势。综上,该项目缺乏核心竞争优势,失败概率极高。

该项目主持人坚持奋斗9年,最终失败。

第 13 环

五种竞争力评估

如何有效地评估一个项目的盈利难易程度呢?

答:首先,这个项目得通过五种竞争力评估,不过这还是必要而非充分条件。

五种竞争力评估模型详解

五种竞争力评估模型(简称五力模型)由迈克尔·波特(Michael Porter)于20世纪80年代初提出,可以有效地分析企业的竞争环境,评估企业盈利的难易程度。

该模型认为,有五种竞争力量决定着企业盈利的难易程度,它们分别是:现有竞争者的竞争激烈程度、潜在加入者进入的难易程度、采购者的价格谈判实力、供应商的价格谈判实力、替代品生产者的威胁程度。下面对这五种竞争力进行详细的解释。

1. 现有竞争者的竞争激烈程度

现有竞争者的竞争程度越激烈,该行业赚钱越难;现有竞争者的竞争程度越温和,该行业赚钱越容易。评估现有竞争者竞争激烈程度的维度有以下几点。

(1)竞争对手的数量。某一领域参与竞争的公司越多,竞争越激烈,因为更多的公司必须为相同的客户和资源而竞争。如果两家公司拥有相似的市场份额,它们会对市场领导地位发起争夺,竞争则会进一步加剧。

(2)固定成本的高低。假定某个行业的固定成本很高,它就会造成激烈的竞争。固定成本是指其总额在一定时期及一定业务量范围内,不直接受业务量变动的影响而保持固定不变的成本,如房租、机器设备折旧、高管工资等都属于固定成本的范畴。变动成本指支付给各种变动生产要素的费用,如购买原材料、水电费和基层员工的工资等。这种成本随产量的变化而变化,常常在实际生产过程开始后才须支付。比如,假设一家芯片生产企业,固定成本包括厂房和光刻机两部分,厂房一年的房租为1 000万元,光刻机的成本为8亿元,可用20年,则一年的折旧为4 000万元,那么,该芯片生产企业一年的固定成本两部分加起来为5 000万元。无论生产多少芯片,这5 000万元的成本都是不变的,这就是固定成本。随着芯片生产数量的增加,单位芯片的固定成本在下降。假如该企业每年生产500张芯片,则每张芯片的固定成本高达10万元;如果每年生产1万张芯片,每张芯片的固定成本为5 000元;如果每年生产100万张芯片,每张芯片的固定成本就降低到50元。对于该芯片生产企业,制造芯片所需要的硅、金属材料、设备运行的水电费、工人工资等属于变动成本,这些成本随着生产数量的增加而增加。比如生产芯片用得最多的是硅材料,假设生产1张芯片所使用的硅材料的成本为10元,则1万张芯片所需硅材料的成本为10万元。

下面举例说明固定成本大的企业遇到激烈竞争时会如何操作。还是上述这家生产芯片的企业,假设其每年的固定成本为5 000万元,生产1张芯片的变动成本为200元,1张芯片的售价为2 000元,每年生产并销售10万张芯片。根据上述条件,该企业每年的销售额为2亿元,变动成本为2 000万元,固定成本为5 000万元,净利润为1.3亿元。在现阶段,该企业利润丰厚。

假设随着技术水平的提高,越来越多的芯片企业参与到竞争中来,大家互相之间开始降价以吸引市场。为保证该企业每年仍然有10万张的销售量,该企业将价格猛降50%,每张芯片的售价为1 000元。此时,企业的经营情况如下:该企业当年的销售额为1亿元,变动成本为2 000万元,固定成本为5 000万元,净利润为3 000万元。虽然利润大幅度下降,但是该企业仍有利润。

接着,又有越来越多的企业参与竞争,价格战越打越激烈,所有芯片企业为了生存进行着你死我活的斗争。有一手机厂家在年初企业还未开始生产时就跟该企业谈,说可以一次性购买10万张芯片,但每张芯片的价格只有600元。如果该笔交易达成,企业的经营状况如下:该企业当年的销售额为6 000万元,变动成本为2 000万元,固定成本为5 000万元,净亏损1 000万元。假设现在该企业判断这么大量级的芯片购买价格也就在600元左右,那么问题来了,企业是选择接单继续生产还是停止生产?答案毫无疑问是继续生产!因为如果该企业不生产,固定成本的投入就高达5 000万元,这5 000万元无论企业生产与否都会发生，也就意味着企业要亏损5 000万元。如果生产，企业则亏损1 000万元，相比较而言亏损还是较少的。

由此，我们可以进行推算，在销售10万张芯片的情况下，只有当该企业芯片的销售价格小于200元时，企业才会停止生产，因为此时该企业销售额为2 000万元，变动成本为2 000万元，固定成本为5 000万元，净亏损5 000万元，如果不生产，也是亏损5 000万元。

相信现在各位读者可以理解为什么固定成本高的企业竞争激烈程度高了。因为存在大量的固定成本导致即便是亏本也要继续生产，亏本把东西卖出去比不生产的损失还是要小的，于是，参与竞争的企业就大打价格战，进行无比惨烈的斗争。民间有一句俗语叫做："千做万做，亏本生意不做。"这句话从学术的角度来看是不正确的，因为固定成本高的企业在亏损中仍有可能继续生产。这一部分涉及一些数学计算，如果有读者实在无法理解内在的原理，就请你们记住结论——固定成本越高，现有竞争者竞争越激烈。

（3）产业增长快慢。缓慢的市场增长导致公司为争夺市场份额而进行激烈的竞争。相反，在一个不断增长的市场中，公司利润的提高有可能仅仅是因为市场的扩大。

（4）本行业产品同质化程度。产品同质化程度越高，消费者在选择时范围越广，因此，竞争越激烈。

（5）退出障碍大小。高退出壁垒导致企业即使不盈利，也会艰难地留在某一行业，这在本书第9环中已详细叙述，此处再次简要说明。退出障碍高的常见原因是资产的专用性，当生产一种产品所需的设备是高度专业化的，这些设备不容易卖给其他行业的其他买家，导致退出障碍较大。此外，税收、就业对当地的影响也是退出障碍高的重要原因。

（6）产品储存成本的高低。高储存成本或易腐烂的产品导致厂商有尽快销售产品的倾向，如果有其他生产商试图同时尽快销售，争夺客户的竞争就容易变得激烈。

（7）产品转移成本高低。产品转移成本越低，竞争越激烈。当顾客可以自由地从一种产品切换到另一种产品时，厂商就会想方设法挽留住顾客，从而加剧竞争。

2. 潜在加入者进入的难易程度

潜在加入者进入的难度越高，该行业赚钱越容易；潜在加入者进入的难度越低，该行业赚钱越难。潜在加入者进入的难易程度与本书第9环中所讲的进入障碍或进入壁垒有部分相似之处。评估潜在加入者可考虑的维度有以下几点。

（1）进入本行业需求的资本大小。这一条非常容易理解，进入该行业需要的资本越大，该行业越难加入；进入该行业需要的资本越小，该行业越容易加入。比如，重工业（包括钢铁、汽车、飞机等行业）的加入难度极高，因为需求的资本量太大；再如，互联网平台的进入难度也极高，因为需要大量的资本。

（2）本行业的法律障碍。法律障碍越高，本行业越难加入；法律障碍越低，本行业越容易加入。法律障碍一般指政府设置的许可证障碍，有的行业进入需要通过政府审批拿到许可证，这类行业的进入障碍就比不需要许可证的行业高。但是，在目前（2021年）的中国，我们在考察一个行业的法律障碍时，不仅要看是否有许可证，还要关注司法实践。比如，在中国，培训行业是需要许可证的，在中国的某些地区，培训许可证需要经过层层审批，非常难拿到，但是在实际的司法实践中，又很少有人去查培训许可。换言之，政府默认在许多情况下，培训可以进行而不需要许可。但是，培训行业如此，不代表其他行业也是如此。比如金融行业，尤其是银行、证券、保险等拿到许可的难度极高，且实际司法实践中也查得非常严，如果有人胆敢在未拿到许可证的情况下经营金融业务，一定会受到法律的严惩，这与培训行业是截然不同的情况。因此，我们在考虑法律障碍时，不能仅仅关注该行业是否有许可证，还应该调查在某个行业的大多数企业是否真的需要许可证才能经营。

（3）本行业的技术障碍。本行业的技术障碍越大，本行业越难加入；本行业的技术障碍越小，本行业越容易加入。这里的技术障碍不仅包括技术研发的难度，比如高科技产品、高端药物等，还包括该技术是否被专利保护。如果某一技术被专利保护，就意味着别人不能使用此项技术，或者要付专利费用才能使用该技术，造成进入壁垒。比如，埃德温·兰德（Edwin Land）在1947年发明了宝丽来相机，这是一款可以立即显影的照相机，在当时垄断了即时摄影相机产业，并申请了专利。1975年，柯达也研发了类似的技术，试图进入即时成像相机市场，并销售了一款类似的相机，但由于宝丽来申请了专利，宝丽来起诉柯达侵犯专利权，最终宝丽来胜诉，迫使柯达在当时远离了即时成像相机行业。

（4）客户转换成本大小。客户转换成本指客户从本产品转移至别的产品所须付出的成本大小，这里的成本不仅包括钱，还包括安全感、时间、关系、风险等。客户转换成本越大，本行业越难加入；客户转换成本越小，本行业越容易加入。那么，哪些行业客户不容易转换供应商？

第一，涉及生命安全的。比如，医院手术用的无影灯的客户转换成本就非常大，医院不敢轻易换供应商，因为这涉及生命安全。一旦换了供应商，医院就会担心：万一手术进行到关键处灯灭了怎么办？万一灯产生了影子并干扰手术怎么办？万一光线不足或者太亮无法进行手术怎么办？手术，尤其是较大的手术，容不得半点差错，一旦灯有质量问题，那就是性命攸关的大事，因此，医院不敢轻易换无影灯的供应商。这与医院打针常用的棉签、针筒有很大的不同，虽然棉签、针筒出质量问题也会给医院造成许多麻烦，但是不会像无影灯那样会有严重的性命问题。

第二，回扣生意。首先，笔者声明，我是严重反对回扣生意的，因为回扣会推动社会成本的巨额增长，但是由于目前中国仍然有许多地方存在回扣生意，因此笔者在此解释一下为什么回扣生意的客户转换成本大。回扣生意的核心是安全感，并不是说你给对方回扣，对方就一定敢拿，对方之所以会拿你给的回扣，是因为他觉得拿你的回扣有安全感，否则，一旦拿了回扣遭到对方举报，是要坐牢的，没有人敢冒这个风险。安全感的建立并不是一蹴而就的，需要长期的相处，使两个人的安全感大幅增加。所以,回扣生意是不容易转换供应商的。

（5）分销渠道是否已经占满。如果分销渠道已经占满,则潜在加入者的加入难度大;如果分销渠道未占满,则潜在加入者的加入难度相对较小。

（6）本行业产品差异化状况。本行业产品的差异化越大,潜在加入者的进入难度越高;本行业产品的差异化越小,潜在加入者的进入难度越小。

（7）资产专用性。资产专用性是指公司的资产可以用来生产不同产品的程度。资产专用性越高,潜在加入者的进入意愿越低;资产专用性越低,潜在加入者的进入意愿越高。较高资产专用性导致较低的进入意愿,原因有二:其一,当公司已经拥有专用性资产时,它们会强烈抵制其他公司抢占其市场份额的努力。新进入者将会面临激烈的竞争。例如,柯达在其摄影设备业务上投入了大量资金,并积极抵制富士进入摄影设备行业。这些资产规模很大,而且是用于特定行业的。其二,潜在的进入者不愿意对高度专业化的资产进行投资。

3. 采购者的价格谈判实力

采购者的价格谈判实力越强,这个行业越难赚钱;采购者的价格谈判实力越弱,这个行业越容易赚钱。一般情况下,如果某个企业生产的产品跟大型企业配套,即大型企业是该企业产品的采购者,则采购者的实力会比较强,难以盈利,且这个大型企业采购的量占总产量的比例越大,越难盈利。举个例子,假设某个企业生产的东西是跟沃尔玛配套的,即沃尔玛是其采购者,则沃尔玛的谈判实力就非常厉害,该企业很难有很高的利润率,因为沃尔玛采购的量太大了,想要高价出售非常困难。采购者的价格谈判实力可从以下几个维度来分析。

（1）购买者的集中程度。购买者的集中程度越高,其价格谈判实力越强;购买者的集中程度越低,其价格谈判实力越弱。假设有一A企业,其最大的客户甲贡献了A企业90%的销售额,并且购买了整个行业70%的产量,那么,A企业的盈利情况完全取决于甲。比如,甲公司的总经理今年做股票投资赚了很多钱,他一开心,就以较高的价格买入A公司的产品,A公司的效益就会不错。如果甲公司的总经理跟老婆吵了一架,心情特别不好,他就可能跟A公司进行谈判,将价格压得很低,A公司的日子就很难过。当然,上述例子可能有一些极端,但笔者想要表达的是,A公司的盈利情况完全受制于甲,这对于A公司来说是极其不利的。

(2)本行业产品占客户成本的比重。本行业产品占客户成本的比重越高,客户的谈判实力越强;本行业产品占客户成本的比重越低,客户的谈判实力越弱。所有企业都希望成本越低越好,一旦某一个产品占客户成本的比重很大,只要产品的价格稍微下降一点,客户的成本就会下降很多。此时,客户一定会绞尽脑汁地跟供应商杀价,以此来降低自己的成本,增加自己的利润。如果某一个产品占客户成本的比重很小,客户跟供应商杀价的动力就会大幅度减小,因为哪怕价格降到很低,对客户总体成本的影响并不大。

(3)客户的盈利水平高低。客户的盈利水平越高,越容易赚钱,其对供应商的价格谈判就越不敏感;客户的盈利水平越低,越难赚钱,其对供应商的价格谈判就越敏感。如果客户的盈利水平很高,它对供应商价格的敏感程度相对较低,即使供应商有一定幅度的涨价,客户可能也不会过多在意;但如果客户的盈利水平本身就较低,则它一定会削尖脑袋地跟供应商砍价,以维持本来就不是太高的利润。

(4)本行业产品对客户质量的影响。本行业产品对客户质量的影响越大,客户的价格谈判实力越弱;本行业产品对客户质量的影响越小,客户的价格谈判实力越强。比如,对于汽车来说,其关键的部件就是发动机,一旦发动机出故障,轻则车子无法开动,重则发生爆炸等事故,车内人员就有生命危险。因此,任何一个汽车厂家都对汽车发动机的质量非常在意,不敢有半点含糊。由于发动机如此重要,一般而言,汽车厂家是很少跟发动机生产厂家还价的,汽车厂家会担心如果价格杀得太多,就有可能导致发动机存在质量问题。汽车厂家如果要降低成本,一般是跟一些质量对于整车影响不太大的供应商杀价,如车灯、座椅、外壳等。此外,手机的芯片也是如此,一旦手机的芯片出现故障,整部手机就变成了一堆废铜烂铁，无法运转。因此，手机生产厂家很少跟芯片生产厂家杀价，它要想降低成本一般都在外壳、屏幕以及一些相对不那么重要的电子元器件上动脑筋。

（5）客户的转换成本。客户的转换成本越大，其价格谈判实力越弱；客户的转换成本越小，其价格谈判实力越强。客户的转换成本已在潜在加入者这一部分详细叙述过，此处仅简要重复一下。假设有一家医院已经与某一家手术无影灯生产企业有长期的合作关系，这家无影灯生产企业对该医院有一定幅度的涨价，医院大概率会接受这样的涨价，因为若转换一家供应商，医院会担心存在质量问题，在手术中会引发风险甚至是生命危险。

4. 供应商的价格谈判实力

供应商的价格谈判实力越强，这个行业越难赚钱；供应商的价格谈判实力越弱，这个行业越容易赚钱。影响供应商价格谈判实力的维度有以下几点。

（1）供应商的货源垄断程度。供应商的货源垄断程度越高，价格谈判实力越强；供应商的货源垄断程度越低，价格谈判实力越弱。最典型的就如华为跟美国的芯片供应商，全世界能够生产当今智能手机芯片的厂家屈指可数，一旦芯片停止供应，华为的手机产量就会受到巨大的影响，这就属于供应商的谈判实力超强。

再如，假定某厂家甲需要某种原材料，但这种原材料的供应居然有50%控制在A公司手里，即A公司原材料的供应量占到全球供应量的50%。A公司（供应商）也属于谈判实力极强，容易操控价格。比如，某一天它突然发现甲采购了原材料，加工成了成品，赚了很多钱。此时A公司就会想，既然客户赚了这么多钱，那我也要从中分一块蛋糕，于是，它就跟甲进行谈判，要求涨价。由于甲必须依赖A公司的原材料进行成品的加工，只能硬着头皮，极不情愿但无可奈何地接受涨价。所以，甲这个行业要赚大钱是很难的，因为A公司的谈判实力过强，甲一赚钱就会被A公司盯上然后涨价。

（2）我方转换供应商的成本。我方转换供应商的成本越大，供应商的价格谈判实力就越强；我方转换供应商的成本越小，供应商的价格谈判实力就越弱。比如，心理咨询就属于转换供应商的成本大，这里的成本不仅指钱，还包括信任、风险等。对消费者而言，转换心理咨询师的风险很大，消费者很难轻易信任一个新的心理咨询师。所以，很少有人跟心理咨询师咨询完了之后要求打个折，因为来访者担心若他得罪了心理咨询师他会不干，换一个人也搞不清人家水平高低。医生也是如此，如果是较重的疾病，需要长期跟踪复查，病人一般很少会半途更换医生。

（3）我方采购量占供应商的产量的比重。我方采购量占供应商的产量的比重越大，供应商的价格谈判实力就越弱；我方采购量占供应商的产量的比重越小，供应商的价格谈判实力就越强。如果我方采购量占供应商的产量的比重很大，供应商会害怕一旦流失我方这个客户，公司利润将会受到很大的影响。

（4）供应商供应产品对我方产品质量的影响。供应商供应产品对我方产品质量的影响越大，供应商的价格谈判实力就越强；供应商供应产品对我方产品质量的影响越小，供应商的价格谈判实力就越弱。以培训行业为例。我们大致可以将培训分为两种：一种是比较标准化的，一种是非标准化的，非标准化课程非常依赖老师的讲课水平。标准化的培训有学校课程辅导班，如语文辅导班、数学辅导班、英语辅导班等，还有大部分的职业资格考试，如教师资格、证券从业资格、会计师从业资格等，以及一些基本技术类的课程，如编程入门、驾驶证考试、游泳等。非标准化的课程如大学的高级工商管理（EMBA）的部分课程，包括"领导心理学""沟通心理学""谈判心理学""企业战略"等，这些课程非常依赖老师的水平，需要他在讲课过程中深入浅出、循循善诱，把复杂的问题通过学生可以理解的方式讲出来。这类课程是技术与艺术的结合，不仅需要老师技术过硬，而且需要老师有很强的感染力，可以把控场面。这类课程的讲课难度非常高，而且难以模仿，哪怕有人把老师的演讲稿甚至演讲视频一字不落地背下来，也很难达到同一个水准，学员的满意度会有很大的差距。

假定有人准备开一个培训公司，此人自己不做老师，而是组织社会资源，请一些老师来讲课。试问，在其他条件一样的情况下，这个人开一个培训内容标准化的培训公司容易赚钱，还是开一个培训内容非标准化的培训公司更容易赚钱？答案是，开一个培训内容标准化的培训公司更容易赚钱！因为此时供应商的谈判能力过强。课程质量的好坏完全取决于讲师的水平，一旦公司招了一个水平高的讲师，只要培训公司的招生规模有扩张，讲师就一定会跟公司索要更多的讲课费，公司不得不给，否则，一旦这个讲师辞职，也就意味着整个公司垮台，所以，公司大部分的利润都落到了讲师手里而不是老板手里。

电影行业也是如此。电影演员拍电影，如果该演员非常出名，则他的价格谈判实力就很强，因为电影的票房有很大一部分来自演员，演员越受欢迎，电影的票房就越高。拍一部电影，大部分钱都会落到电影演员的手里，而组织拍摄的电影公司要比演员赚得少很多。而在电影行业，同样是赚1个亿，演员的辛苦程度比电影公司要小得多。

5. 替代品生产者的威胁程度

替代品的概念容易被误解，它是指功能相似的产品，并不是指同样的产品。生产相同产品的企业被称为竞争者。复旦大学EMBA课程的竞争者是其他高校的EMBA课程，如上海交通大学的EMBA课程、浙江大学的EMBA课程、清华大学的EMBA课程等。其替代品就不是现场课程了，比如管理学类的书籍就是其替代品，管理类的视频课程也是其替代品。替代品生产的威胁程度越高，该行业越难赚钱；替代品生产的威胁程度越低，该行业越容易赚钱。影响替代品威胁程度的维度有以下几种。

（1）是否存在相似功能的其他行业产品。相似功能的其他行业产品越多，替代品的威胁程度越大；相似功能的其他行业产品越少，替代品的威胁程度越小。

（2）替代品的性价比。所谓性价比，就是投入-产出比，如果一个产品花很少的钱可以获得很高的收入,则该产品的性价比高;如果一个产品要花大量的钱但是收入很低,则该产品的性价比低。替代品的性价比越高,替代品的威胁程度越大;替代品的性价比越低,替代品的威胁程度越小。比如,假设有一个项目是生产一种治疗高血压的药品,这个药品由中药制成,一个疗程3个月,花费6 000元,7个疗程可以治好高血压。这个项目判定失败的概率极大,因为治疗高血压替代品的性价比太高了,目前治疗高血压的西药每天的花费大约为几毛钱。

讲到替代品,一般还会提到的一个概念是价格弹性。

> **价格弹性**,又叫需求价格弹性,是指商品需求量对于价格变动作出反应的敏感程度。

价格稍有变化,产品的销量有大幅变化,称之为价格弹性高;价格变化幅度巨大,产品的销量变化不大,称之为价格弹性低。一般而言,替代品数量多的产品价格弹性高,例如鲈鱼,替代品有鲫鱼、草鱼、鲢鱼等,因此,只要鲈鱼的价格稍有变动,销量就会有大幅度变动,价格弹性高的商品还有奢侈品。替代品数量少的商品价格弹性低,如心理咨询、香烟、盐等。我们每个人每天对盐的需求量是基本固定的,不会因为盐的价格从5元一包涨到10元一包,就少吃一些,也不会因为盐的价格从5元一包降到2元一包,就多吃一些。

有没有比盐价格弹性还低的商品呢?答案是肯定的,在比盐价格弹性还低的商品中,骨灰盒就是其中之一。如果说盐还可以忍一忍少吃一些,但笔者还从来没有发现过对骨灰盒讨价还价的。人们不会因为骨灰盒的价格太高了,就不买了;更不会因为骨灰盒的价格便宜了,就多买几个。

像骨灰盒、心理咨询这些替代品数量非常少、价格弹性很低的商品,可以把价格定得很高,销量不会随着价格的升高有大幅度的改变。比如心理咨询,把价格提高10倍,销量不是降为原来的1/10,而很有可能只下降一半,那总体的销售额就提高了5倍;另外工作量还降低了,实际的综合收益将大大超过5倍。因此,替代品越少、价格弹性越低的商品越容易赚钱。

以上就是五力模型的内容。波特在提出五力模型的时候,并没有对这五种竞争力量进行权重评估,笔者认为,这五种竞争力不应该是各占20%。根据长期评估项目的大量经验,笔者在此给出一个参考的权重,这些权重是基于经验而非大数据确证,而且战略也无法用数据确证,仅供参考。

(1)现有竞争者的竞争激烈程度,约占40%。

(2)潜在加入者进入的难易程度,约占20%。

(3)采购者的价格谈判实力,约占10%。

(4)供应商的价格谈判实力,约占20%。

(5)替代品生产的威胁程度,约占10%。

因此,我们可以对多个项目进行排序,这便有了比较意义和教学意义。但实际上,笔者在做项目评估时,上述五项中只要有一项没过关,笔者就会放弃这个项目。

五力模型的批判

在战略方面,许多东西是艺术而非科学,所以,五力模型也存在一定的问题。笔者对五力模型的批判主要有以下两个方面:

(1)五力模型没有考虑需求问题,它其实是假定各个行业的需求强度一样。假定五力模型在两个行业算出来的分值是一样的,就会得出这两个行业的盈利难易程度是一样的。这在多数情况下是不符合事实的——如果这两个行业中有一个行业的需求强度更大,显然,这个行业盈利的难度将会较小。

(2)五力模型没有考虑到客户支付能力的问题。比如,某个项目在五个方面皆通过了五力模型的评价,但如果其销售对象缺乏对该商品的长期支付能力,这个项目还是赚不了钱的。

事实上,五力模型不适合需求强度和客户支付能力难以估计的行业。比如,全新的行业客户需求强度难以估计,客户有非法行为的行业的支付能力难以估计；而且，五力模型还不适合信息不充分的行业，由于信息不充分，行业的情况就是一个"大黑箱"，在此基础上做出的评估误差率很大，很大程度上依靠的是判断者的直觉，而直觉常常是无法培养的，是一种天分。因为如此，波特的理论给了全世界企业家充分的启迪，但波特管理咨询公司却破产了。当然，这不能否定波特理论的价值，毕竟，波特的理论并非科学，而带有很强的艺术成分。正如诺贝尔文学奖获得者所传授的写作经验并不能保证其学生也获得诺贝尔奖，我们不能由此否定诺贝尔文学奖获得者传授的经验的价值，因为文学属于艺术的范畴而非科学。

管理一个组织需要领导才华。有的人擅长做战略分析，却不一定有领导能力；管理一个组织需要极强的抗挫能力，有的人擅长做战略分析，却不一定有很高的抗挫能力；管理一个组织需要很强的识别人才的能力，有的人擅长做战略分析，却不一定有很高的识别人才的能力；管理一个组织需要很强的创新能力，有的人擅长做战略分析，却不一定有很强的创新能力；管理一个组织还需要……所以，以波特管理咨询公司申请破产来否定五力模型是不妥的。

创业项目评估实例1

投资300万元在上海建400平方米太极培训馆降血压

有创业者拿着开办主营降血压业务的太极培训馆的项目来找笔者评估，创业者对这个创业项目很有信心，并且迫切想要邀请笔者一同参与到这个项目中。他对市场的理解是：近些年来，由于经济的快速发展和人们生活方式的改变，全世界共有近10亿个高血压患者，相当于成人人口的26.4%，不论是发达国家还是发展中国家，高血压患者的疾病管理都是重大问题，国内高血压的现状也不容乐观。面对如此广阔的市场，开办太极培训馆去做降血压的业务，其前景一定很乐观！这个项目看上去非常高大上，非常不错。

然而，笔者的评估意见是：该项目失败率极高，因为替代品供应者数量巨大。

首先，笔者承认太极拳确实有降血压的功效。研究发现，长期练太极拳可以增强心肺耐力及下肢肌力，高血压患者坚持练习太极拳，确实可以减少降压药物的服用量。

但纵观高血压市场，大大小小的医院林林总总，针对人数众多的高血压病患，国家投入了大量的人力、物力和财力在各个医院中开设高血压科室，基本上每一家医院都能够对这一慢性病开处方，并且高血压也纳入了医疗保险的范畴，高血压慢性病的治疗也有了基本的保障。所以，在人们的认知中，一旦患上了高血压，首先考虑去医院，为数众多的医院就约等于该项目的竞争者。所以，这一项目在五种竞争力量模型分析中，现有竞争者竞争激烈程度太大，该项目被评估为不及格。

该项目创业者不解，疑问道："我们的项目通过一种全新的太极运动手段达到降血压的目的，不是一种创新吗？市面上通过太极等运动方式达到降血压效果的项目寥寥无几，我们的竞争对手应该极少才对呀？各个医院此时应该不是我们的竞争对手，即便医院是我们的竞争对手，我们通过这种创新的治疗方式，应该能在激烈的竞争中保持很强的核心竞争力呀？"

创业者上述观点是大错特错的。表面上而言，上述太极降血压的项目的竞争者很少，这是因为创业者仅仅凭借用太极等运动锻炼方式降血压的标准来寻找竞争对手，这样通过分类筛选的方式寻找竞争对手本身就是不妥当的。实际上这个项目的准竞争者数量众多。

说到这里，可能有读者会问："高效又便宜的降压药品是不是这个太极降血压项目的替代品呢？"这个看法是错误的，属于思维逻辑不清，这个项目的失败率极高，其实是替代品的供应者太多了，而不是替代品供应者提供的方法和手段多。类比一下，假设这个太极降压培训馆也开设了开具降压药的业务后，这个项目就有竞争力了吗？答案是否定的。所以，认为该项目替代品是降压药的说法也是错误的，准确地说，应是替代品的供应者和生产者太多了。

后来，这个创业者不听笔者的意见，果然一败涂地。

很多创业失败者只注意到了竞争者,没有注意到替代品生产者,这是千万要避免的!

创业项目评估实例2

投资8 000万元建中国最大的培训名师网上中介机构

有人打算投资8 000万元建中国最大的培训名师网上中介机构,请笔者作出评估。

笔者的判断是:本案例的创业项目失败率是极高的,用项目评估五力模型的观点来分析,这个项目最大的问题是供应商的价格谈判实力太强,而且名人中介是零散型行业,8 000万元的投资显得过大。

最近十几年,随着互联网的兴起,出现了淘宝这种类型的大平台互联网公司,淘宝的成功也引来许许多多的创业者竞相模仿,他们在选择创业项目时纷纷以淘宝这样的大平台公司作为范本,无论是对外宣传还是内心深处,都想要做成某个领域的淘宝,将这个领域的资源全部整合到自己的平台上来。淘宝虽然是成功的,但是不懂得淘宝成功的原因,盲目地跟风做平台,这样的创业项目失败率是极高的,为什么呢?

首先,我们要了解淘宝是如何运行的。

淘宝实际上是将线下的实体店铺引导、集中到互联网上去经营。为什么这些商家愿意在淘宝开店呢?这是因为在淘宝开店是不用租实体商铺的。相比于实体店铺,开淘宝网店可以为商家省下大笔的租金成本。相比于实体店铺,网店有一个很大的弊端,就是无法像实体店铺一样将产品充分地展示在消费者面前。所以,商家就需要在平台上增加自己的曝光度,吸引消费者来购买你的产品,增加曝光就必须投钱在淘宝上做广告。淘宝实际上是一个网上店铺的服务中介,商家要在淘宝上更好地销售产品,就要缴纳中介服务费。

如果只是看形式,这个投资8 000万元建中国最大的培训名师网上中介机构的项目和淘宝平台不是很相似吗？他们都是在搭建平台，吸引商家或者讲师进驻，平台为商家提供客户并且从中赚取收益，怎么会失败呢？

在淘宝上开店的这些商家的价格谈判实力都不强，淘宝平台稀缺的资源是淘宝的曝光度，你不来做广告，自然有其他的同行来做广告。

但是在这个案例中，中介机构搭建的平台核心竞争力其实是这些培训名师，消费者是因为有这些名师才来听课的，而不是因为平台本身。所以，培训名师的价格谈判能力是很强的，平台就需要投入大量的资金去吸引这些培训名师进驻，整个平台的成本主要来自培训名师的讲课费，而且随着平台听众的增加，培训名师的讲课费用开价也会自动增加，所以，这个平台是很难盈利的。

是不是投资做中介机构就完全不可行呢？也不是，做供应商谈判实力不强的中介机构就是可行的。当然，创业成功与否还有许许多多的影响因素，仅从供应商价格谈判能力这个角度分析，选择供应商价格谈判实力不强的中介机构还是可行的。

第 14 环

项目选择的决策方法：
二元相对平衡决策方法

作出项目选择与否的决策时，应该用哪种方法？

答：二元相对平衡决策方法，可以大大降低此项投资决策的失败率。

二元相对平衡决策方法是笔者学术体系中一个非常重要的方法，建议读者在选择项目时，要广泛采用此方法，可以大大降低失败率，这是非常重要的。

决策四因素

作出一个正确的决策需要四个关键的因素：正确的动机、充分的信息、相应的能力、科学的方法。

1. 正确的动机

组织领导作决策的出发点是谋求组织的利益，如果动机不准确，无论信息多么准确、能力多么高、程序多么科学，都是无用的。促使组织领导决策动机正确的关键是通过绩效考核和薪酬设计，使其个人利益和组织利益最大限度地保持一致。

2. 充分的信息

决策的正确性与充分的信息成正相关，企业领导常常获得错误的信息，减少错误信息最有效的方法是增加获得信息的渠道，双渠道或多渠道获得的信息远比单渠道获得的信息更为准确。比如在作新产品开发决策时，常常会从两个渠道去获取信息：一是做业务的销售部；另一个是做市场宣传的市场部。在决策新产品的定价时，如果只听销售部的意见，就会由于销售部门利益的影响不知不觉地倾向于定低价，因为价格越低销售越好做。如果同时听两个部门的意见，信息就容易更准确。总之，通过多个独立的渠道或部门去获取同一内容的信息，将有助于提高决策的准确率。

3. 相应的能力

参与决策的人要有相应的能力，决策难度越高，能力要求越高。以低能力的人参与高难度决策是不明智的，这就要求组织的领导精选人才，花较大的精力去寻找、挑选、培养并创造人才，使用人才。组织越小，领导者的工作越倾向于做事；组织越大，领导者的工作越倾向于用人。

4. 科学的方法

科学的方法对决策是否准确影响极大，在动机、信息、能力相同的情况下，仅仅是决策的方法不同，会导致决策质量的大幅度浮动。对于这一点，下面将用大量的篇幅详细讲述。

二元相对平衡决策原理

决策是一个十分复杂的选择过程，如何提高决策选择的科学性与正确性，使决策失误的可能性减至最小，这是决策成功的关键所在。

所谓二元相对平衡决策，指的是运用开放的管理原理制定多个行动方案，运用收敛的管理原理实现在众多方案中选择一个最佳方案，并准备实施活动的过程。

二元相对平衡决策过程包括开放阶段和收敛阶段。

二元相对平衡决策方法

开放思想和收敛思想不仅能解决一般决策过程中易出现的负面影响，而且是针对中国人特有的文化和性格特点提出的。中国人的性格特点是含蓄、保守，所以，需要用一定的手段使决策参与者的思想变得开放，如此才利于决策，才能

第14环 项目选择的决策方法：二元相对平衡决策方法

获得更多的可供选择的方案。但是，如果决策过程中仅有开放这一因素，必然会导致思想过热、行为冒进等问题，因此，需要有一个制约机制，防止极端的决策行为，这个机制就是收敛机制。决策中开放思想和收敛思想构成了二元相对平衡决策的核心内容。

开放思想和收敛思想是通过开放阶段和收敛阶段的措施来实现的。开放阶段以中式头脑风暴会为高度开放形式，以西式头脑风暴会为低度开放形式。收敛阶段以反对委员会为高度收敛形式，以一般性讨论为低度收敛形式。开放和收敛的举措在决策过程中起到扬长避短的作用。比如，中国人喜欢求全责备，爱挑新建议、新措施、新方案的毛病，于是，有不少人因害怕被挑毛病而不敢提出个人的见解。在二元相对平衡决策方法中，开放的决策措施能使参与决策者放下思想包袱，大胆地提出个人见解；收敛的决策措施又利用求全责备者的反对意见，使决策更冷静。二元相对平衡决策方法发挥了扬长避短的作用。

二元相对平衡决策方法是通过开放阶段激发思维，造就出丰富的、创新的备选方案，再经过收敛阶段集中思维，选择出客观的、科学的最佳方案。开放和收敛本身是一对阴阳关系，这一对阴阳关系会将决策过程中可能遇到的麻烦和问题包容和化解掉。二元相对平衡决策中的开放思想运用了头脑风暴会的开放机制，打破了许多人在创新过程中的守旧观念，并解开了束缚创新思想的绳索。二元相对平衡决策中的收敛思想运用了对抗性辩论的收敛机制，充分参考了正反两方面的意见，融合了各方意见，能避免决策的主观性，这在很大程度上降低了失误的概率。

在这一过程中，应注意以下几点（西式头脑风暴会与中式头脑风暴会在前文已有详述，此处只作简要回顾）。

1. 西式头脑风暴会

西式头脑风暴会也称作畅谈法、集思法，由美国BBDO广告公司经理奥斯本创立。它是一种通过小型会议的组织形式，利用集体的思考，相互启发灵感，引导每个参加会议的人围绕某个中心议题,广开言路、激发灵感、毫无顾忌、畅所欲言地发表独立见解的一种创造性思维的方法。

采用头脑风暴会组织群体进行创造性思维时,要求参加者都是有能力对开会议题发表看法的专家。主持者以明确的方式向所有参会者阐明问题,说明会议的规则,尽力创造一种轻松、融洽的气氛。同时,主持人一般不发表意见,以免影响会议的自由气氛,而是鼓励专家们提出尽可能多的方案。

2. 中式头脑风暴会

西式头脑风暴会在被引入中国以后,受到许多企业的欢迎并得到了运用。但令人困惑的是,许多企业在使用过后效果并不尽如人意。笔者结合中国人的文化特征和心理特点,对西式头脑风暴会进行了继承和发展,提出了中式头脑风暴会,效果出奇地好。其要点如下:

(1) 营造轻松的开会气氛。会议环境尽量选择在能够使人放松的地方。

(2) 确定会议参加人员与时间。经验证明,人数规模以8—12人为宜,会议时间以20—60分钟效果最佳。

(3) 确定主持人。主持人选用较有威信的人担当。

(4) 设立喝彩员。喝彩员负责为每个发言叫好,并带领其他人鼓掌以示鼓励。

(5) 设立纪律监察官。纪律监察官的作用是保障头脑风暴会进行过程中的良好气氛。

3. 高度收敛形式:反对型辩论会

多年前,笔者管理的公司曾有专门或临时的反对委员会,进行反对型辩论。凡重大决策,无不经过反对委员会反对一番,决策错误率大大降低。反对委员会有两项重要的组织原则。

(1) 法定反对。不允许反对委员会全面、客观、公正地考虑问题,只允许反对委员会片面考虑问题,即全力反对。全面、客观、公正考虑问题的任务由第三

第14环 项目选择的决策方法：二元相对平衡决策方法

方（决策者）承担。

（2）给予动力。必须给予反对委员会成员动力。若依靠良心来反对，其动力是不可靠的。笔者最早的一个反对委员会主任的年终考核工资是以下面的方式计算的：

反对委员会主任的年终考核工资=20 000×（反对成功议案的总得分÷提交讨论议案数）

笔者常担任第三方（类似法官），会裁决反对委员会得分，每次分别给0—1分，反对委员会完全成功，得1分；完全失败，得0分。中间状态视情况给0.2分或0.3分。全年得分总和即上述公式被乘数中的分子。这样一来，反对委员会主任有强大的动力去挑各种议案的毛病，大大减少了决策的失误。

反对型辩论会的组织过程如图14-1所示。

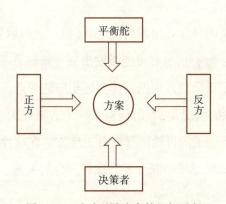

图14-1 反对型辩论会的组织过程

一般而言，原始提出方案的人归入正方，正方对方案持赞成态度。反对委员会为反方，决策者则从全面、客观、公正的角度决定应该怎么办。决策者既可以采纳正方意见，也可以采纳反方意见，也可以决定实施中间方案，还可由讨论会产生新思想，形成全新方案，甚至可把全新方案再来一次反对型讨论。平衡舵则随机发言，随便赞成哪一方皆可。平衡舵可以中途倒戈，迅速变换阵营。会议采用自由辩论的形式，须极力营造无思考约束的环境，以一种开放的气氛对方案进行讨论,为决策者提供比较详尽、真实的参考信息。值得强调的有两点:其一,指定辩论的反方,目的是营造一种无约束的开放气氛,解除反对者怕得罪人的心理障碍,使辩论者的思维得到最大限度地激发。因为许多决策预案本身就包含了领导某种程度的倾向,如不指定反方,就没人敢反对或反对不彻底。其二,指定反方后,反对方觉得既然是领导布置反对的,也就不是得罪人了。采用自由辩论,则是为了为决策提供尽量充分的、多角度的决策方案评价信息。

(1)反对型辩论会应注意的问题。

① 辩论只是决策评价的形式,而不是最终的决策结果。不是说谁在辩论赛中赢了就按赢的一方决策,辩论赛的目的在于通过辩论促进不同意见的沟通、激荡,找出项目可能存在的问题,为正确决策提供依据。基于此种考虑,我们在上述的辩论中就建议不必决出胜负。其实,这和其他的评价方式是相通的,只是给最终的决策者提供参考。

② 参与最终决策的领导必须列席辩论赛,以广泛听取意见。辩论的气氛即可以给决策者提供参考信息,也有可能激发出领导新的思考。

③ 必须强制规定正反双方根据安排阐述相应的观点,即使这并不是他们心中的想法。不能排除的情况是,有时候对于一个方案绝大多数人都是赞成或反对的,此时,很难按照员工的自然选择来分正反方。在这种情况下,指定的正反方的人选必须认真选择,思维活跃分子是比较适合的人选。当然,选择正反方时要尽量与他真实的观点吻合。

(2)反对型辩论会的步骤。

收敛阶段是决策方案的一种评价和衡量形式,这个形式可以用具体的过程来说明。根据我们实践的经验,按以下步骤开展辩论是有效的:

① 收敛决策准备阶段。组织将要作出的决策方案向可以知道此信息的相关人员宣布,并说明以辩论赛的形式进行方案评价,鼓励相关人员踊跃参与。当然,为了加强参与的积极性,可以采用奖励的手段。这个阶段的目的是,人为地促使辩论前的自由思考,因为这时候还没有指定正反方,这样的思考对于发现问

第14环　项目选择的决策方法：二元相对平衡决策方法

题是有好处的。

②收敛决策组织阶段。根据报名的情况和管理者对其的了解，将思维比较活跃的员工分成两派，强制指定正方和反方，被指定为正方的员工必须说这个方案正确，反方则必须反对此方案，并且都需要提出充分的理由。这里需要注意的两点是：一是正方一般应包括提出方案的原始提案者；二是在正式的辩论之前要为正方、反方留出一段时间，比如两个星期（根据决策的重要性来定），去思考、寻找各种各样的资料，准备辩论赛。这个阶段的目的是，把赞成或反对决策方案作为一项工作任务，保证引起足够的重视。

③收敛决策实施阶段。在正反方准备充分的基础上，就按时进入实施阶段。在这里，可以参考正规的辩论赛的程序，首先由正方、反方分别阐述本方的意见，然后进入自由辩论阶段，最后是总结性发言。需要指出的是，在辩论赛上，决策者不能发表看法，也不能参与辩论，以保证辩论的自由性。决策者主要是倾听并收集对决策有用的信息。这个阶段的目的是，虽然正反方已经进行了充分的辩论前准备，但是辩论赛不以胜负论，不以报告形式上送，这是因为辩论赛不仅常常有意外的灵感，提出有价值的想法，而且可以培养员工的思维和表达能力，可谓是一举两得。

④收敛决策总结阶段。主持人（一般是决策者）在辩论赛进行完毕后，对辩论过程中提出的问题进行总结评论。主持人总结时要作出决策，必须对辩论的气氛、效果等进行鼓励性的评点，肯定辩论各方的出色表现和精彩言辞，总之，尽量提高员工的自我满意程度，鼓舞员工的信心，为下次辩论做好思想上的铺垫。这个阶段的目的是，使辩论成为一个好的决策方式和组织传统。

在决策辩论后，决策者就可以根据所获取的信息进行决策或者采取更进一步的论证。

4. 低级收敛形式：讨论会

讨论会即可以自由发表意见的会议。讨论会对思维具有收敛的作用，因为允许批评他人,必然会使参加会议的人出言谨慎,必然会思考发言后是不是会受到别人的批评。但因为讨论会不是强制反对,所以,不如反对委员会导致的收敛程度那么高。组织讨论会还须注意以下几点:

(1) 领导一般不首先表态,以免约束他人思维。

(2) 参会人数不宜少于4人,也不宜多于15人。研究表明,开会人数越多,说话越假。超过15人,官腔出现的概率大大上升;人数太少,又无法激发思维。

(3) 要防止讨论会跑题。主持人的主要职责之一是拉回主题,要防止小事情占大时间。因为小事情简单,懂得小事情的人多,发言的人多;大事复杂,懂得大事的人少,发言的人少。比如,城市绿化与社会骚乱问题同时讨论,前者简单,发言人多;后者复杂,发言人少。公司服装与公司竞争的战略问题同时讨论,前者发言人多,后者相反。

二元相对平衡决策选择

二元相对平衡决策的基本形式有高度形式与低度形式。

1. 高度形式:中式头脑风暴会,一般有间隔反对型辩论会

这种形式适用讨论重大决策和极其复杂的问题。如在反对委员会反击中,产生了与原方案根本不相干的新方案,那就必须组织第二次反对型辩论;如又有新方案,则以此类推。另外要注意,如果时间不是十分紧迫,不要连续开这两个会,因为这两个会的特性完全相反,连续开会使一些人的心理状态难以适应。

2. 低度形式:西式头脑风暴,一般无间隔讨论会

这种形式适用于讨论一般问题。第一场会的要点是不允许批评,第二场会的要点是允许批评。也可以这样理解:原打算开一小时会,前半小时开西式头脑风暴会,后半小时开一般性讨论会。

第14环 项目选择的决策方法：二元相对平衡决策方法

另外，读者还可以根据需要组织中度二元相对平衡决策会，即对下列组合进行重新排列（见图14-2）：

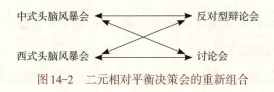

图14-2 二元相对平衡决策会的重新组合

- 中式头脑风暴会+反对型辩论会。
- 中式头脑风暴会+讨论会。
- 西式头脑风暴会+反对型辩论会。
- 西式头脑风暴会+讨论会。

本环节的内容已零散地发表于各类学术杂志，因此实施者已众多。从反馈来看，采用高度二元相对平衡决策与低度二元相对平衡决策的方式居多，采用其他方式的比较少。

难点：反对委员会的心理调整

反对委员会是得罪人的工作。虽有动力，且当众明确反对委员会是工作，不是真心反对，但有时反对委员会成员还是会有心理障碍。这里介绍一个心理调整的技术。

首先，正方全体成员起立，由领导带领高声念心理调整暗示语："我们知道反对委员会的工作就是反对一切，我们知道这不代表反对委员会的真实想法。欢迎反对，欢迎反对，欢迎反对。"

然后，反对委员会全体成员起立，由领导带领高声念心理暗示语："忠于职守，坚决反对。"

最后，双方全体坐下，经此调整后一般不会再有心理障碍。

简易反对性决策

在决策中也可以实施简易反对性决策,这种决策方式操作简单,时间成本比较低。其具体方式如下:

先由领导总结他人的意见,提出一套解决问题的方案,或者自行提出一套解决问题的方案,然后指定在场的所有人必须反对一番,每人提一条或若干条反对意见,并且强调不允许没有反对意见,哪怕是瞎说,也必须说出一条反对意见,随后轮流发言,领导听完大家的反对意见以后,再对自己的方案进行修正。

由于领导强调必须提一条反对意见,大家就没有得罪领导的顾虑了,由于大家有了"瞎说"这个解脱的理由,因此,提反对意见是比较积极的。通过这样简易的反对一番,常会使领导意识到某些漏洞,还会使领导得到一些启发,使得方案更加完善。这种简易反对性决策,虽然操作简单,效果却是不错的。

反对委员会的另一重要用途:工作总结质询

反对委员会除用于决策外,还有一个很大的用处:对组织内各个重要部门的工作总结展开质询。

中国人素有一团和气的传统。老好人在各类组织中都比较多,工作总结常流于形式,在年终工作总结时,常用的套话是:成绩缺点二八开,成绩是主要的,缺点是小小的,你好我好大家好,一团和气,皆大欢喜,欢欢喜喜过新年,明年问题照旧。这种年终总结作用不大,笔者经常用反对委员会对各部门工作总结进行质询。即各部门负责人在作年终总结时作正方,反对委员会作反方,公司领导作第三方,反对委员会的作用在于质询工作中出现的问题,由于反对委员会的利益驱使,质询常异常尖锐,一团和气的现象被彻底打破,许多问题由此暴露;同时会对各部负责人形成很大的心理压力,使他们在来年高度重视管理中的问题,

第14环 项目选择的决策方法：二元相对平衡决策方法

而且他们并不会怨恨反对委员会，因为他们认为反对意见是反对委员会的工作而不是他们的真心话，这种年终总结效果较好。

历 史 回 顾

谏官

中国古代的君王们很早就设立了专门唱反调的角色，这一官职的名称叫谏官。据史料记载，早在春秋时期，齐桓公设置大谏一职，这便是谏官的雏形。谏官至少有两项特权：一是风闻议事，就是根据传闻或者没有实在证据的东西来上奏皇帝，指责过失，而且不需要承担诽谤的责任；二是专司反对皇帝，皇帝的任何东西都可以反对，而且不会因此而获罪。大到国家大事，小到皇子教育，甚至皇帝的私生活都可以指责，而大多数皇帝必须耐心地听。

如果皇帝对谏官治罪，皇帝的名声就会很臭，舆情汹汹，会对皇帝产生很大的压力，史书上也会留下该位皇帝的恶名。而大多数皇帝对名声还是在意的。谏官的设置，就是受到中国传统文化中的阴阳相对平衡思想的影响。因为皇帝觉得自己太强势了，所以要设立一个反对面来平衡一下。

综观世界各国历史，从无此职，这就是中国传统文化独特的智慧。

图书在版编目(CIP)数据

管理心理技术.1,投资与创业战略评估14连环/鞠强著. —上海:复旦大学出版社,2021.9
(2024.3重印)
ISBN 978-7-309-15874-8

Ⅰ.①管… Ⅱ.①鞠… Ⅲ.①管理心理学 Ⅳ.①C93-051

中国版本图书馆 CIP 数据核字(2021)第 169562 号

管理心理技术 1:投资与创业战略评估 14 连环
GUANLI XINLI JISHU 1:TOUZI YU CHUANGYE ZHANLUE PINGGU 14 LIANHUAN
鞠 强 著
责任编辑/宋朝阳

复旦大学出版社有限公司出版发行
上海市国权路 579 号 邮编: 200433
网址: fupnet@fudanpress.com   http://www.fudanpress.com
门市零售: 86-21-65102580   团体订购: 86-21-65104505
出版部电话: 86-21-65642845
常熟市华顺印刷有限公司

开本 787 毫米×1092 毫米 1/16 印张 14.75 字数 208 千字
2024 年 3 月第 1 版第 2 次印刷
印数 4 101—7 200

ISBN 978-7-309-15874-8/C・420
定价: 48.00 元

如有印装质量问题,请向复旦大学出版社有限公司出版部调换。
版权所有 侵权必究